传承与互鉴

INHERITANCE AND MUTUAL LEARNING

Beijing Forum (2023)
Selected Keynotes

北京论坛（2023）报告集萃

北京大学北京论坛秘书处 编

北京大学出版社
PEKING UNIVERSITY PRESS

图书在版编目 (CIP) 数据

传承与互鉴：北京论坛（2023）报告集萃 / 北京大学北京论坛秘书处编 . -- 北京：北京大学出版社，2024.10. -- ISBN 978-7-301-35696-8

Ⅰ.C53

中国国家版本馆 CIP 数据核字第 2024HB3657 号

书　　　名	传承与互鉴——北京论坛（2023）报告集萃 CHUANCHENG YU HUJIAN——BEIJING LUNTAN（2023）BAOGAO JICUI
著作责任者	北京大学北京论坛秘书处　编
责任编辑	刘　军
标准书号	ISBN 978-7-301-35696-8
出版发行	北京大学出版社
地　　址	北京市海淀区成府路 205 号　100871
网　　址	http://www.pup.cn　　新浪微博：@ 北京大学出版社
微信公众号	通识书苑（微信号：sartspku）　　科学元典（微信号：kexueyuandian）
电子邮箱	编辑部 jyzx@pup.cn　　总编室 zpup@pup.cn
电　　话	邮购部 010-62752015　发行部 010-62750672　编辑部 010-62753056
印刷者	北京虎彩文化传播有限公司
经销者	新华书店
	720 毫米 ×1020 毫米　16 开本　13 印张　彩插 8　270 千字 2024 年 10 月第 1 版　2024 年 10 月第 1 次印刷
定　　价	140.00 元（精装）

未经许可，不得以任何方式复制或抄袭本书之部分或全部内容。
版权所有，侵权必究
举报电话：010-62752024　电子邮箱：fd@pup.cn
图书如有印装质量问题，请与出版部联系，电话：010-62756370

北京论坛(2023)开幕式现场

中国科学技术协会名誉主席韩启德(右起第四人)、北京大学党委书记郝平(右起第二人)、北京大学校长龚旗煌(左起第一人)为北京论坛高端顾问委员会委员颁发聘书

开幕式嘉宾合影

北京大学校长龚旗煌在开幕式上致辞

美国芝加哥大学校长保罗·阿利维萨托斯在开幕式上致辞

联合国教科文组织前总干事伊琳娜·博科娃在开幕式上致辞

日本前首相鸠山由纪夫在开幕式上致辞

韩国 SK 集团全球董事长崔泰源在开幕式上致辞

北京市委常委、教育工委书记游钧在开幕式上致辞

"数智教育发展国际大学联盟"启动仪式

韩国崔钟贤学术院时任院长朴仁国主持主旨报告

美国洛杉矶加州大学校长毕杰恩在开幕式上作主旨报告

日本东京大学校长藤井辉夫在开幕式上作主旨报告

北京大学信息与工程科学部主任、鹏城实验室主任、
中国工程院院士高文在开幕式上作主旨报告

北京论坛(2023)闭幕式现场

澳大利亚阿德莱德大学校长彼得·霍伊在闭幕式上作主旨报告

美国哈佛大学国际事务副教务长欧立德在闭幕式上作主旨报告

英国国家学术院院士艾伦·麦克法兰在闭幕式上作主旨报告

北京大学博雅特聘教授、燕京学堂院长董强在闭幕式上作主旨报告

分论坛：帝国的终结、第二次世界大战和亚洲的转型

分论坛:多元文明视野下的区域与国别研究

分论坛:家庭哲学——一个新的哲学分支学科

分论坛：绿色低碳交通与城市高质量发展

分论坛：全球人口老龄化与经济、社会和环境的可持续发展

分论坛：世界文明史视域中的中国古典学

分论坛：数智教育发展国际创新论坛——数字化与全球高等教育未来

分论坛:现代化视阈下的制度与治理

分论坛:知识传承与文明互鉴

分论坛：中国历史上的南与北

分论坛：中国式现代化与全球经济发展

新工科专题论坛

专题论坛：企业社会价值的测量与推广——亚洲间合作

编委会

主　　编：翟　崑

副 主 编：严　军　李　昀

执行主编：邱茫茫

编　　委（按姓氏笔画排列）：

田孟轩　朱洁媛　吕婉琴　苏中富　李　可
吴　旭　杜津威　杨　婕　肖雪梅　张　聪
罗小廷　赵　颖　柴玥儿　曹　宇　潘聪平

序　言

　　二十载筚路蓝缕,二十载春华秋实。回首过去的二十年,北京论坛高举人类文明的薪火,聚焦人类社会面临的共同问题,组织高水平学术研讨,开辟了学术界、思想界关于文明交流互鉴、和合共生的新境界,更让"文明的和谐与共同繁荣"的理念日益深入人心。

　　当今世界正处于百年未有之大变局,人类社会面临着诸多全球性挑战,实现持久和平普遍安全、促进共同发展共同繁荣依然任重道远。如何回应时代关切、携手共克时艰,是全球之问、时代之问。2023年3月,习近平总书记在中国共产党与世界政党高层对话会上,提出了"全球文明倡议",倡导坚持文明平等、互鉴、对话、包容,尊重不同文明的独特性、合理性,求同存异,寻求理念契合点、利益交汇点,促进不同文明相互学习和理解,破除隔阂和偏见,消除恐惧和冲突。为此,第二十届北京论坛在"文明的和谐与共同繁荣"这一总主题下,将"传承与互鉴"作为年度主题。

　　"传承"是对文明根基的保护,是对历史的敬意。每一种文明都延续着一个国家和民族的精神血脉,有着自己独特的魅力,是国家和民族的根与魂。习近平总书记指出,中华文明具有连续性、创新性、统一性、包容性与和平性五个突出特性。这些特性就是在文明的传承中完成的。没有传承就没有中华文明绵延至今的连续性,没有传承就没有中华文明超强的凝聚力、强烈的归属感和顽强的生命力。守正不守旧、尊古不复古,人类新的思想正是不断在传统文明的沃土中萌芽,在传承中发展,在发展中创新,始终为人类解决新的时代课题提供智慧和力量。北京论坛的二十年,同样是在这样的薪火相传中,以思想争鸣与学术探索播撒"文明的和谐与共同繁荣"的理念。

　　"互鉴"是对彼此的包容。"海纳百川,有容乃大。"国际社会是人类的大家庭，每个国家和民族的文明都有其独特魅力和深厚底蕴，都是人类的精神瑰宝，共同构成了多姿多彩的世界。不同文明之间深入交流、互学互鉴，才能为文明的发展提供源源不断的动力，创造百花齐放的美好未来。开放、包容也是中华优秀传统文化的核心和精华。中华文明始终以开放、包容的姿态同世界其他文明开展交流互鉴，吸收世界文明的先进要素，形成了"和合与共"的价值取向。二十年来，北京论坛秉持"各美其美，美人之美，美美与共，天下大同"的思想，尊重文明的多样性，坚持跨学科、跨地域、跨文明的交流互动，坚持立足北大、面向世界，推动全球学者在交流与探索中迸发全新的思想光芒。

点点星光，汇成思想星河。第二十届北京论坛共设置了16个分论坛和4个专题论坛，来自多个国家和地区的600多名嘉宾学者汇聚一堂，研讨辨明形势、交流碰撞思想、回应时代关切，其中既有针对世界经济发展困境的思考，也有围绕全球治理秩序的讨论，更有各国青年朋友的真诚沟通交流。最终，我们选取了中外学者的25篇主旨报告，汇编成这本报告集萃，这既是对学术洞见的翔实记录，也体现了当代学人对人类社会前途命运的共同关怀和责任担当，必将为人类文明的交流交往交融提供重要启迪。

中国古代先哲曾说，"志合者，不以山海为远"。二十年来，北京论坛已经成为各国学者荟萃思想精华的重要纽带。面向未来，北京论坛将始终牢记推动文明对话与合作的初心，在"文明的和谐与共同繁荣"的主题下开展更为广泛深入的交流与讨论，点亮文明前行的灯塔，破解全球发展的难题，为推动全人类的发展进步，贡献更多智慧之光！

北京大学党委书记、校务委员会主任　郝平
北京大学校长　龚旗煌
2024年4月

文明的力量：北京论坛与全球治理新路径

一、引言

2023年11月3日至5日，第二十届北京论坛在燕园举行。作为北京大学主办的年度学术盛会，北京论坛自2004年创办以来，始终秉持"文明的和谐与共同繁荣"的宗旨，致力于为全球学者搭建一个深入交流和密切合作的高端平台。历经二十载春华秋实，北京论坛现已发展成为当前国际学术界最具影响力的综合性论坛之一，为推动人类文明进步提供了重要的智力支持。

本届北京论坛以"传承与互鉴"为年度主题。这一主题与2023年3月习近平总书记在中国共产党与世界政党高层对话会上提出的"全球文明倡议"高度契合。在百年未有之大变局加速演进、世界进入新的动荡变革期的关键节点，如何在继承和弘扬本民族优秀传统文化的基础上，以开放包容的胸襟积极开展文明交流互鉴，是摆在全人类面前的时代命题。基于这一问题意识，来自世界各地的600余名专家学者齐聚燕园，围绕人类文明发展面临的关键议题，分别参与16个分论坛和4个专题论坛，展开了持续三天的深入研讨和思想碰撞。论坛成果丰硕，观点交锋激烈，充分体现了北京论坛作为全球文明对话重要纽带的学术地位。

第二十届北京论坛具有鲜明的时代特色和独特价值。首先，本届论坛适应世界百年未有之大变局的新形势，立足于人类社会面临的共同挑战，对人类文明传承创新、交流互鉴等问题给出了新的思考视角和应对之策。比如，"全球人口老龄化与经济、社会和环境的可持续发展"分论坛紧扣老龄化这一全球性议题，从医疗健康、养老保障、家庭照护等维度入手，为实现联合国可持续发展目标贡献了中国方案和北大智慧；再如，"知识传承与文明互鉴"分论坛以外语教学这一学科视角为切入点,探讨如何在科技、艺术、哲学、宗教等领域推动不同文明的交融,破除隔阂,增进理解。这些具有前瞻性的学术探索,生动地诠释了新时代背景下北京论坛的问题意识和使命担当。

其次,本届北京论坛以跨学科的研究视野和宽广的全球视野,从多元的角度切入当代世界面临的现实难题,力求提供解决之道。例如,"中国式现代化与全球经济发展"分论坛从数字中国、全球经济格局变动、对外开放、生态文明建设等多重议题展开讨论,系统阐释中国式现代化不仅为中国经济高质量发展提供路径,也为破解全球发展难题贡献了新的范式;"碳中和背景下的可持续发展与绿色治理"专题论坛则从低碳科技创新、碳市场的全球治理、空气质量管理等方面入手,以跨学科的研究视野应对全球气候治理的挑战。这些探索表明,北京论坛正在不断拓展学术视野,力图为人类的美好未来提供更具建设性和启发性的思想资源。

此外,本届北京论坛秉承对话交流、互学互鉴的理念,为与会者搭建了坦诚对话的桥梁。"青年发展与中非合作"分论坛聚焦非洲大陆面临的青年人口红利与风险并存的复杂局面,中、非与会代表在平等、友好的氛围中畅所欲言,在相互倾听中增进理解,推动共识;而"企业社会价值的测量与推广"专题研讨会则汇聚了中韩两国的企业代表和专家学者,以东亚视角切入企业责任与使命这一全球性话题,通过分享各自的实践经验与理论见解,为构建人类命运共同体贡献了区域智慧。这些学术对话的成果充分表明,在各国携手应对人类共同挑战的进程中,不同国家、不同文化背景的思想交流与真诚对话,依然大有可为、大有作为。

总之,在世界进入新的动荡变革期、人类社会面临诸多共同挑战的关键时刻,第二十届北京论坛对人类文明的传承与创新进行了高质量、多维度的学理探讨,以"传承"激活优秀传统文化在新时代的生命力,以"互鉴"搭建不同文明间沟通的桥梁,为人类社会的未来发展提供了极具价值的思想启示。站在新的历史起点上,北京论坛将继续秉持和平、发展、公平、正义、民主、自由的全人类共同价值,努力成为链接中国与世界的重要枢纽、沟通人文与科学的纽带,为推动构建人类命运共同体发挥更大作用,做出新的贡献。

二、论坛议程回顾

第二十届北京论坛共设置了16个分论坛和4个专题论坛,涵盖了人文社科、理工科等诸多学科前沿领域。与会学者立足本学科视角,聚焦人类社会共同关切,以"传承与互鉴"为切入点,进行了广泛而深入的学术探讨。

在人文社科领域,多个分论坛和专题论坛围绕文明交流互鉴、文化传承、全球治理等议题展开研讨。"帝国的终结、第二次世界大战和亚洲的转型"分论坛从跨亚洲视角出发,审视了亚洲从欧洲帝国主导向现代民族国家新秩序的关键转型,这一讨论对于认识当前世界秩序的再次变革具有重要的启示意义;"中国历史上的南与北"分论坛则聚焦中国国家治理的多样性,通过比较南北地域社会结构与国家权力的关系,为更加深入地认识中国历史提供了新的研究路径;而"世界文明史视域中的中国古典学"分论坛从多学科视角探讨了中国传统文化资源及其现代阐释,展现了中华文明在世界文明谱系中的独特地位和价值。这些分论坛的研讨彰显了北京论坛对人类文明多样性的尊重和珍视,以及以文明交流超越隔阂、增进理解的价值诉求。

与此同时,"家庭哲学:一个新的哲学分支学科"分论坛则在中西方比较的视野下,阐发了家庭作为人类社会组织的基础形式及其伦理内涵;"知识传承与文明互鉴"分论坛关注不同领域知识在跨文明语境下的传播与影响,尤其对中外文学经典译介及其对构建人类命运共同体的作用进行了深入剖析。这些学术对话表明,尽管不同的文明存在价值观念的差异,但通过平等交流、互学互鉴,不同的文明完全可以实现美美与共,共创人类的美好未来。

在应对人类社会共同挑战方面,多个分论坛从不同学科视角提出了思路和方案。例如,"全球人口老龄化与经济、社会和环境的可持续发展"分论坛系统梳理了老龄化对可持续发展的影响,中外学者在医疗保障、养老服务、代际关系、气候变化等诸多议题上交换意见,为实现积极老龄化贡献了全球视野下的对策建议;"非洲的可持续与绿色发展"分论坛聚焦非洲大陆的发展困境与出路,中、非与会代表在减贫、环保、能源、卫生等领域分享了各自的实践经验,并讨论如何通过中非合作与国际援助推动非洲的可持续发展。这些学术探索顺应了新时代对包容性增长与绿色发展的呼唤,体现了北京论坛强烈的世界关怀和使命担当。

在回应科技革命与产业变革的机遇和挑战方面,多个分论坛和专题论坛展现了勇于创新、引领未来的学术品格。"数智教育发展国际创新论坛"关注数字化转型背景下高等教育的应对之策,与会专家围绕数智人才培养模式创新、高校治理数字化转型等前沿问题展开讨论,为我国高等教育改革发展提供了有益借鉴;"中国式现代化与全球经济发展"分论坛中,与会学者纷纷表示,中国式现代化道路不仅为中国经济社会持续健康发展提供了制度保障,也为世界经济复苏注入信心和动力。"新一代人工智能前沿"新工科专题论坛汇聚人工智能领域顶尖学者,深入探讨深度学习、类脑智能、跨模态大模型等热点话题,展望人工智能发展的未来图景和创新路径,引发与会者对智能时代人类社会发展的深入思考。

第二十届北京论坛各分论坛、专题论坛紧扣"传承与互鉴"主题,立足不同学科领域前沿,聚焦人类社会面临的共同挑战,以广阔的全球视野、严谨的学术精神和强烈的问题意识,为人类文明进步提供了极具价值的思想启示和智力支持。这些高水平的学术对话不仅彰显了北京论坛作为文明交流互鉴平台的独特优势,也为破解人类发展难题贡献了中国方案和全球智慧。北京论坛将继续秉持开放、包容、互鉴、互信的理念,争做文明交流互鉴的践行者、引领者,为推动构建人类命运共同体铺就一条通途大道。

三、论坛报告集萃

本论文集共收录25篇主旨报告,涵盖历史传承与思考、数字时代的高等教育、国际经验借鉴、中国研究等多个维度,呈现北京论坛关于"传承与互鉴"这一主题的思想结晶。

第一部分聚焦"历史的传承与思考"。伊森·马克教授的研究视角独特,将日本占领爪哇置于二战的世界史背景下考察,视之为帝国向民族国家过渡的缩影。徐冠勉教授反思殖民主义,以东南亚种植园"水牛"劳工为例,论证了殖民主义从物质到精神对当地传统文化的双重伤害。

数字时代的高等教育变革是第二部分的主题。洛杉矶加州大学校长毕杰恩指出，高校应顺应时代潮流，在教学中强化跨学科协作，推进国际化发展，培养学生的数字素养。东京大学校长藤井辉夫剖析了日本高等教育面临的挑战，呼吁大学勇担育人使命，在人才培养模式、科研范式等方面积极求变。哈佛大学欧立德教授则立足于国际学术交流实践，阐述了开放、包容、互鉴、互信的价值理念，为构建人类命运共同体提供了启示。这些观点引发与会嘉宾的广泛共鸣，为中国高等教育改革提供了有益参照。

第三部分转向国际视野，从多元文明互鉴的高度提炼经验智慧。潘淑莹教授从新加坡案例出发，论证了绿色公共交通体系的重要性，倡导以人为本的可持续城市规划理念。山口博司教授介绍了基于天然工质的热泵、制冷等新型能源系统在替代传统能源方案、促进人类命运共同体可持续发展上的重大意义。他还介绍了近年来在天然工质热泵领域取得的重大科研成果，包括与北京大学张信荣教授共同完成的中日合作研究，展示了工程领域中的可持续发展循环系统，提出了高效利用不同能源来源的新方法。

最后一部分立足中国语境，直面时代之问、民族之问、人民之问，尤其是中国式现代化进程中的挑战与应对。房连泉教授针对老龄化背景下的中国公共养老金制度改革提出一系列建议，以期实现可持续发展。杜鹏教授则全面梳理了中国人口老龄化的现状、特点及发展趋势，呼吁通过完善养老体系、发展银发经济等举措促进老年群体的高质量发展。北京大学信息科学技术学院高文院士则引领我们把目光投向未来。他指出，随着数字技术的飞速发展，中国算力网络建设面临诸多挑战，同时也孕育着难得的战略机遇，应审时度势，超前谋划。

本届北京论坛主旨报告思想深邃、视野宏阔，彰显了中外学者立足本土、放眼世界，在文明交流互鉴中追寻人类社会未来发展之路的共同愿景。这些真知灼见必将为构建人类命运共同体提供重要的精神滋养与智力支持。站在新的历史起点上，面对百年未有之大变局，北京论坛将继续高举和平、发展、合作、共赢的旗帜，以"传承"激活优秀传统文化的生命力，以"互鉴"架起不同文明间沟通的桥梁，为推动人类文明进步贡献更多中国智慧。

四、结语

回望三天的学术盛宴，与会中外学者围绕"传承与互鉴"这一主题，跨越地域与学科的界限，激发思想的火花，凝聚共识，规划未来，为人类文明发展提供了宝贵的精神滋养与智力支持。本届论坛不仅是一次学术范式革新的盛会，更是一次不同文明间交流互鉴、携手前行的生动实践。

第一，从学术贡献的角度而言，本届北京论坛成果斐然，为破解人类社会面临的共同难题搭建了一个卓有成效的对话平台。与会学者立足本土、放眼世界，在历史传承、教育变革、经济社会发展、生态文明建设等领域提出了许多真知灼见，为理论创新和实践发展提供了新的路径指引。

在人文社科领域，学者们反思了以西方中心主义为主导的话语体系，倡导从多元文明视角重建学科体系；在教育变革方面，众多名校校长分享了各自的探索经验，为高等教育国际化、数字化转型提供了有益借鉴；在经济社会发展层面，来自世界各地的专家学者聚焦人口老龄化这一全球性挑战，围绕代际公平、可持续发展等问题展开了卓有见地的讨论；在生态文明建设领域，与会嘉宾以儒家"天人合一"理念为参照，为应对气候变化、构建人与自然和谐共生的现代文明提供了思想资源。

可以预见，随着北京论坛的影响日益彰显，它所凝聚的学术共识必将转化为推动人类进步的强大动力。更重要的是，北京论坛所代表的"文明的和谐与共同繁荣"理念，将引领不同国家、民族、文化背景的人们走到一起，在平等和尊重的基础上求同存异、互学互鉴，共同描绘人类美好的未来蓝图。

第二，从文明交流互鉴的意义来看，本届北京论坛植根于中华优秀传统文化的沃土，又始终秉持开放包容的胸襟，架起了连通东西、沟通古今的文明之桥。在"一带一路"倡议和构建人类命运共同体理念的引领下，来自不同国家、不同文化背景的学者超越隔阂，以文明的名义开展坦诚而深入的对话，在百家争鸣中凝聚共识，在求同存异中扩大共识，生动诠释了习近平主席提出的"全球文明倡议"的时代内涵。

当前，人类社会正处在一个风云变幻的时代，世界百年未有之大变局不断演进，保护主义、单边主义逆流暗涌。面对全球性挑战，任何一个国家都无法独善其身。唯有坚持文明平等，推动不同文明交流互鉴，我们才能携手构建一个持久和平、普遍安全、共同繁荣、开放包容、清洁美丽的世界。从这个意义上说，北京论坛致力于推动不同文明间的对话，本身就是对"人类命运共同体"理念的生动实践。

展望未来，我们相信北京论坛必将在传承与创新中不断发展、日臻完善，继续发挥作为全球文明互鉴平台的独特优势，为人类文明进步事业做出更大的贡献。在此次盛会上，我们看到，年轻一代学者的身影愈发活跃，他们与学界前辈展开代际的思想碰撞，激荡着青春的力量。我们也看到，女性学者的声音愈发响亮，她们以敏锐的洞察力和独特的学术视角，为论坛注入新的活力。更令人欣喜的是，本届论坛设立的"青年发展与中非合作"分论坛，为中、非青年学子搭建交流互鉴的桥梁，这正是北京论坛服务全球青年的生动缩影。

正如海内外媒体所评价的，北京论坛是一个具有前瞻视野和使命担当的学术盛会，始终引领学术前沿，回应时代关切，推动不同国家、民族、地区的学者超越文化隔阂，在平等和尊重的基础上凝聚共识。以传承激活优秀传统文化的生命力，以互鉴架起不同文明间交流的桥梁。站在新的历史起点上，让我们高举和平、发展、合作、共赢的旗帜，弘扬全人类共同价值，为中华民族伟大复兴、为人类文明进步而不懈奋斗。北京论坛将在这一进程中勇担使命，为增进各国人民的理解与友谊，为人类社会发展进步，贡献更多中国智慧，提供更多"北京方案"。

北京大学区域与国别研究院副院长、北京大学国际关系学院教授

翟　崑

2024 年 4 月

目 录

第一部分 历史的传承与思考

二战期间日本占领爪哇的世界史意义 ………… 伊森·马克(Ethan Mark)(3)
水牛与蔗糖:从动物视角反思亚洲小农经济 …………………… 徐冠勉(14)
大运河的漕粮北输与中近古南北社会发展新论 ………………… 李治安(23)
从近代中日图书馆的图书分类看中国古典学的课题与可能
………………………………… 河野貴美子(Kimiko Kono)(34)
"门罗主义"两百年:空间政治思维方式的变与不变 …………… 章永乐(46)

第二部分 数字时代的高等教育

在数字世界中协作与合作的力量 …………………… 毕杰恩(Gene Block)(59)
大变革时代的高等教育 …………………………… 藤井辉夫(Teruo Fujii)(64)
国际学术交流:其关键性及基础原则 ………… 欧立德(Mark C. Elliott)(68)
数字人文:人文学术新范式的兴起 ……………………………… 王 宁(73)

第三部分 国际经验:可持续发展

利用数字健康技术打造精准医疗 …… 理查德·霍布斯(Richard Hobbs)(85)
气候变化的挑战 ……………………………………… 彼得·霍伊(Peter Høj)(94)
为绿色公共交通导向型开发设计更好的机制 …………………… 潘淑莹(99)
全球经验教训:如何建立全球卫生社区 ………… 毕杰恩(Gene Block)(106)
众说企业社会价值:ESGame 测试的中韩比较
……… 杨东宁 姜郑涵(Kang, Jeonghan) 柳美铉(Yoo, Miyun)(111)

SK Telecom 的企业社会价值管理经营 ············ 李准豪（Lee，Joonho）(116)
可持续的二氧化碳制冷和热泵系统 ······ 山口博司（Hiroshi Yamaguchi）(121)

第四部分　中国研究：挑战与应对

天人合一 ····························· 艾伦·麦克法兰（Alan Macfarlane）(127)
中文能成为更具世界性的语言吗？ ···················· 董　强(131)
家庭哲学：儒家的亲情哲学 ·················· 安乐哲（Roger T. Ames）(136)
中国算力网的需求与挑战 ························· 高　文(145)
老龄化社会挑战下的中国公共养老金制度改革 ··········· 房连泉(149)
构建积极生育保障体系　促进人口高质量发展 ··········· 贺　丹(160)
中国人口老龄化与高质量发展 ······················ 杜　鹏(167)
能源安全与能源转型 ···························· 杜祥琬(178)
我国的零碳供热系统 ···························· 江　亿(185)

后　记 ···(192)

第一部分

历史的传承与思考

二战期间日本占领爪哇的世界史意义①

伊森·马克（Ethan Mark）

（莱顿大学区域研究所副教授）

我最近的著作《二战期间日本对爪哇岛的占领：一部跨国史》（伦敦：布鲁姆斯伯里，2018）研究了二战期间1942年至1945年日本占领爪哇岛（印度尼西亚人口最多的中心岛屿）的史实，探讨了日本和印度尼西亚这两个现代亚洲国家在此期间的文化和军事交流。这段历史凸显了二战作为20世纪全球历史分水岭的意义——推动帝国时代转向民族国家时代，这也是20世纪最重要的变化之一。

我们很少从上述视角入手解读二战，而是有意或无意地采用一些传统框架：欧洲中心框架、民族中心框架、基于历史后见之明的目的论框架。欧洲中心框架将欧洲视为二战的核心和故事主线，将中日战争等亚洲局势视为外围发展，并将两者隔绝开来。民族中心框架无视战争发生的地域，将二战视为自成一体的民族国家之间的较量，把各国内外部的不同情况笼统归结为单一、互斥的民族问题。令人气愤的是，这两种构架掩盖了同盟国和轴心国的共性和矛盾。在书中我特别提到，轴心国和同盟国都是帝国，它们竞争的本质是攫取对世界人民、资源和领土的控制权。最后，目的论框架赋予了战争一种可追溯的必然性，无视战争经历的不确定性、流动性和偶然性，而这正是理解战争的深层

---

① 版权归伊森·马克所有（2024）。本稿供2023年北京论坛论文集发表。未经作者同意，不得转载、复制或分享。

共鸣和影响的核心所在。

近几十年来,后殖民历史学家研究了全球丰富多样的殖民地、殖民时代和殖民遭遇,越来越关注殖民双方复杂的历史互动,揭示了不同于民族主义历史观点的殖民主义特征:压迫和反抗,以及复杂的跨国交流和谈判。跨国交流和谈判促进了双方的演变和再创造,留下了持久而矛盾的历史遗产。这些研究挑战了以民族为中心的历史观。在整个殖民主义历史中,二战是最关键、最重要的全球分水岭。如果我们摒弃传统的欧洲中心主义和国家中心主义,转向真正的全球历史视角,那么这场战争首先是帝国间的冲突,是帝国合法性面临根本性危机的时刻。可以说二战的核心是帝国的命运,也预示着帝国的终结:在1945年8月日本投降后的十五年内,由帝国组成的战前世界秩序转变成为以民族国家为普遍准则的世界秩序。联合国的出现鲜明地象征了这一秩序,而联合国本身就直接产生于战争。

如果我们采用这一全新视角,将二战视为一场关乎帝国命运甚至关乎帝国制度本身命运的战争,研究重点自然会落到日本和亚洲社会的经历和遭遇。事实上,亚洲战场的战争双方非常明确且有意识地将二战描述为打破非法帝国统治、获取"解放"的战争。从这个角度看,亚洲理应从全球二战历史叙事的边缘走向中心。在东南亚,日本帝国主义将自己标榜为"亚洲兄弟",出于"共荣"的目的,从西方帝国主义的统治下解救殖民地国家。被日本殖民的亚洲社会确实长期遭受西方帝国主义的桎梏,因此它们对日本的煽情宣传的接受度异常高。在东南亚的欧美殖民地国家中,印尼人对日本的接受程度尤其高,主要原因是印尼与荷兰殖民统治者之间的激烈矛盾。

在对二战的传统叙事中,大家往往很少讨论一个问题:日本人在多大程度上相信了自己令人陶醉的、激进的宣传,即帝国主义的日本是独一无二的,超越了以前所设想的帝国。换句话说,大部分日本人相信他们发动的战争旨在"解放亚洲",并借此动员自己和他人参战,却忽视了自己作为帝国主义侵略者的矛盾角色。战后,国家主权很快成为全球霸权准则,上述矛盾和忽视也成为全世界"解放主义"军事干预的标配。

印尼人尤其认同日本的战时宣传,这种异常热情的欢迎迥异于日本在侵华战争中所面临的持续、坚决的抵抗,因此大大吸引了日本侵略者。基于这种高度互相接纳,日本与印尼的战时互动是一个恰当的例子,很好地揭示了二战作为帝国秩序转向民族国家秩序的分水岭作用,以及在此期间两国之间复杂、矛盾和模棱两可的谈判与交流。我想在下文中阐述上述观点。

在对于二战的传统叙事中,印尼的经历与其他二战被占领国一样,表现为日本帝国主义压迫和印尼反殖民主义抵抗的黑白对立。这当然有一定道理。在日本的军事统治下,印尼人遭受了巨大的苦难,数百万人死于日本的野蛮占领。据估算,大约有400万印尼人死于饥饿、疾病和过度剥削,其中在爪哇岛有约300万人。我们必须承认这些可怕的现实,绝不能低估日本占领爪哇岛乃至整个印尼期间造成的灾难,同理还有亚洲其他地区尤其是中国的遭遇。在二战期间被日本占领的大多数地方,苦难、残暴和死亡是家常便饭。

与此同时,研究者们往往将日本对亚洲的占领套入模板,进行同质化的理解。此外,讽刺的是,同盟国和日本都在战时宣传中强调日本人、日本文化与西方截然不同,认为日本具有蜂巢一般的同质性和统一性,此举又强化了对日本的刻板印象。这种对日本的文化本位主义或东方主义的理解几乎是共识,直到最近才有所松动,大大妨碍了人们理解占领者和被占领者双方经历的多样性,而这种多样性正是日本占领亚洲的一大特征。这种多样性源于被占领国在遭遇日本入侵前的不同情况,以及入侵前日本自身的不同情况。

如上所述,对战时经历的传统叙事带有历史后见之明或目的论回溯的色彩,妨碍了对战时经历的理解。要避免回溯,首先要理解日本占领东南亚的特殊历史背景。20世纪30年代和40年代初,全球正在经历三重危机。

第一是经济危机。20世纪20年代末开始的大萧条是全球自由资本主义体系自近代以来最深刻的危机。但是,在研究亚洲的战争史时,学者们往往没有充分考虑这一事实。大萧条在全球范围内造成了深远的影响,不仅是全球自由资本主义体系的周期性衰退,还是全球经济的根本性危机。简单来说,世界各地、各个政治派别都认为,自由资本主义已经失败,需要一种激进的替代方案。观察发现,全球只有"左翼"的苏联和"右翼"的墨索里尼的意大利相对安然地度过了这一危机。这两个国家当时都在寻求激进的替代方案(法西斯意大利至少声称如此），也强化了上述认识。

第二，伴随资本主义危机的是帝国危机。在两次世界大战之间，全球各地都出现了反殖民民族主义运动，在亚洲尤为明显，这一现象正是帝国危机的体现。此外，苏联崛起，以及因此而大行其道的世界社会主义和共产主义政治运动和劳工运动，都进一步深化了上述两种危机。法西斯主义的崛起是右派对这种趋势的回应，他们将"鲜血和土壤"作为解决方案。不仅轴心国，也不仅欧洲，其他地区亦有体现。最拥护法西斯主义的是欧洲的殖民地，包括荷属东印度群岛。这样一来，不仅轴心国受困于帝国主义危机，同盟国也同样如此。所有殖民宗主国都不得不做出反应，而它们的反应是趋同的，没有展现出同盟国"民主"和轴心国"专制"的区别。两次世界大战之间的荷属东印度群岛就是一个例子。在那里，基于典型的独裁种族主义殖民制度，"本地人"基本上不能参政。来自宗主国的荷兰本土法西斯党 NSB 在 20 世纪 30 年代成为殖民地最大的法西斯党。令人震惊的是，荷兰殖民政权在二战前的镇压力度有增无减。我们必须在这种背景下看待印尼人后期对日本人的热情。

第三个危机是西方本身的危机感，前两个危机深刻加剧了这一危机。这不仅是资本主义的危机或帝国制度的危机，而且是西方现代性的危机。全球范围内出现了一系列史无前例的巨变，从惨无人道的一战和俄国革命，到最终导致大萧条的战后经济社会的萎靡紧张，人们普遍感到西方文明正在迷失方向。讽刺的是，在以东方主义、种族主义、东西方差异本质主义为核心的欧洲中心主义殖民全球秩序中，这种"西方衰落"的意识（奥斯瓦尔德·斯宾格勒在 1920 年代提出）反过来唤起了"非西方"的出现。首当其冲是两次大战之间的日本，其他地区亦有体现。它们以"亚洲现代性"叙事的形式，作为一种潜在替代方案出现，为上述危机提供了一种超越性的解决方案。

这种观念并不是在两次世界大战之间出现的。最迟在 19 世纪末，亚洲就出现了亚洲或泛亚联盟对抗西方的观念。殖民时代"发明传统"的做法使得西方长期对"东方"进行浪漫化，这种观点往往是殖民双方意识形态互动的产物。例如，"神智学"运动始于英属印度，19 世纪末在荷属印度群岛广为流传。这一思潮自然地融入了"西方唯物主义"与"亚洲灵性"对抗的本质主义观念，在两次大战之间日益兴盛。但我想强调的是，在两次大战之间出现的、我称为"战时亚洲主义"这一跨国意识形态具有其独特性，这是我们都应该承认的。战时亚洲主义反映了上述"三重危机"，具有特别激进的特点，并具有不同于早期泛亚主义的某些特征。

第一个特征是，战时亚洲主义对被视为非法的"西方"或"白人"现代性展开了激烈的"西方主义"攻击。西方主义实际上是西方的东方主义的镜像。东方主义的东西方互斥二分法也是西方主义的基本原则，该原则认为，东方和西方在文化、历史甚至种族上具有本质区别。西方主义积极评价"东方"的文化特质，认为它超越了"西方"的物质优势，从而"从内部"抵制东方主义。优越的"东方"文化的基本特征是精神、道德、热爱自然、共同体意识等，而"西方"特征则是个人主义、物质主义、贪婪。西方主义认为，上述负面特征是"西方"资本主义、阶级矛盾和资本主义的驱动力，将两次大战之间的世界带到了毁灭的边缘，因此需要"亚洲"的干预。

从中可以引申出战时亚洲主义的第二个特征：它同时吸收和抵制马列主义对资本主义、帝国主义这些邪恶的现代力量及相关社会冲突和阶级矛盾的批判。在两次大战之间的多重危机中，上述批判的全球影响力和说服力不断扩大，尤其影响了对现状不满的人。战时亚洲主义认为，这些理解和批判是欧美统治下的现代生活的固有问题，但同时否认了马克思主义的普遍适用性。战时亚洲主义宣称，马克思主义对社会生活的唯物主义理解，通过无产阶级革命解决资本主义社会矛盾的做法，只适用于"西方"现代性。

因此，战时亚洲主义是"第三条道路"意识形态，它提出了一条通往现代化的道路，通过"复兴"想象中的亚洲原始文化传统来克服自由主义和共产主义的弊端。这种意识形态以文化净化作为应对社会分歧、动员群众的手段，从中可以看出它与当时欧洲及其殖民地盛行的法西斯主义有着密切的关系。同时，亚洲主义与欧洲法西斯主义存在重大区别：亚洲主义宣称与被占领地区的人民同为亚洲种族和文化同胞，抨击"西方"资本主义、帝国主义和种族主义是"有色"人种的共同敌人。

由于以上特征，日本亚洲主义在长期遭受西方殖民统治的亚洲地区独具吸引力，远高于欧洲和中东战场的法西斯主义。必须指出的是，这种意识形态在东北亚战场尤其中国并不受欢迎。现代日本在1931年入侵中国东北，1937年发动全面战争，其中大部分侵略活动都是与西方帝国主义携手并进的。但是在此之前，日本已经长期殖民侵略中国。20世纪30年代，日本越来越频繁地将其侵略行为美化为从西方帝国主义手中"解放亚洲"的斗争，在中国遭到了普遍而深刻的怀疑和抵制。侵华战争是一场旷日持久的僵持，日本人越陷越深、日益绝望（这也预示了后来殖民者在越南和阿富汗等地的经历）。这不符合日本人的期许，使他们感到疑惑，破坏了所谓从西方帝国主义手中"解放亚洲"的道德正义宣传。这在许多日本人中间引发了历史学家吉见义明所称的"精神危机"（吉见义明，《草根法西斯主义：日本人的战争经历》，伊森·马克翻译，纽约：哥伦比亚大学出版社，2015年）。由于中国的持续抵抗，日本感觉日本帝国的存在受到日益严重的挑战，日本的"大亚洲"发言人认为，要扩大这种宣传口径，并且加以阐释使其更加复杂和激进。讽刺的是，中国的抵抗运动对日本影响深刻，使日本人更多地在运用反殖民民族主义和马克思主义，这也是日本在战时竭力控制帝国损失的一种尝试。

日本将反殖民民族主义和马克思主义对殖民主义和资本主义的批判纳入日本的"解放"言论，同时以"亚洲"来抵御这两种意识形态，从而达到操控话语的目的：日本的"亚洲"文化本质使日本有资格解放亚洲邻国，同时也免于受到上述强大意识形态的批判。日本宣称，自己选择性地掌握了西方的技术和制度，并向这种现代性注入了文化的"亚洲性"，因此日本并非资本主义或帝国主义，而是一种超越此二者的社会秩序。日本战时亚洲主义本质上是帝国主义，但从全球历史的角度来看，其自相矛盾的主张使它介于帝国主义和反殖民民族主义之间，处在一个高度矛盾的过渡性位置。

日本战时"亚洲主义"脱胎于中日对抗的熔炉，是军事对抗的产物，也是帝国主义与反殖民民族主义的意识形态对抗的产物，产生了所谓的"解殖民化辩证法"。日本急于解决侵华战争，因此宿命般地南下，挑战欧美殖民势力。在这个过程中，上述辩证法开启了新的篇章，其全球历史意义也随之剧增。

在此背景下，1942年初的事态发展代表了世界历史的真正转折。日本最初的进攻看似不可抵挡,因此其影响更加深远。在太平洋战争初期,日本不仅在珍珠港得手,还在东南亚全域击溃了多个西方殖民国家,其军事胜利的规模和速度震惊了东西方的评论家。克里斯托弗·贝利(Christopher Bayly)和蒂莫西·哈珀(Timothy Harper)在其经典著作《被遗忘的军队:1941—1945,英属亚洲的衰落》(马萨诸塞州剑桥,哈佛大学出版社,2006年)中说,"类似的战役要追溯到亚历山大大帝闪电般摧毁大流士的波斯帝国"。没有人有水晶球,没有人知道未来的发展,评论家只能根据过去推断未来。在那一刻,日本人显然已经打破了以往对"东方"和"西方"关系的所有预期,颠覆了全球帝国秩序。

对于欧美主导的全球帝国现状的最大股东而言,日本的势如破竹让他们目瞪口呆;对于四年多来一直孤军奋战的中国来说,日本的进攻则具有积极的战略意义。它转移了日本的精力,并带来了强大的新盟友。但是,对于世界各地长期以来苦于欧美全球秩序并持续反抗的其他人,包括亚洲和非洲的反殖民民族主义者、其他地区受压迫的非白人(例如非裔美国人),日本在东南亚的胜利被普遍视为革命性的进展,具有象征意义和赋权意义。大多数日本人兴奋和陶醉于此番意外收获,他们深信自己站在了世界历史的最前沿,却没有意识到这场"解放主义"豪赌的风险。不仅是战略风险,还有意识形态风险:日本意图彻底摧毁与其竞争的帝国,以拯救自己的帝国,但是,对于日本及其敌人来说,反殖民主义的精灵一旦从瓶中释放,就永远无法控制,更不可能回到战前的瓶子里。

前文曾经提到,当地人的接受程度在一定程度上决定了日本占领东南亚的性质和结果。在爪哇岛,荷兰殖民者对印尼的剥削和压迫长达几个世纪,并在大萧条时期达到了白热化。与此同时,面对战前二十年兴起并日益壮大的民族主义运动,他们拒绝做出任何让步或改革。在这一时期,荷兰殖民者是殖民国家中的极端保守派,由于他们的顽固不化,印尼几乎所有社会阶层都对荷兰持负面态度。因此,印尼是亚洲开放程度最高的,而日本是西方统治的最佳替代者。第二个影响因素是,荷兰统治者有意识地采取"分而治之"的政策,助长了种族间的竞争。印尼存在较大的华人群体,华人为荷兰统治者提供收税等服务,以此换取社会经济特权。这导致华人与印尼当地人的关系长期紧张。印尼人知道中日之间的矛盾,也理解侵华战争的残酷性,但当日本入侵印尼时,许多印尼人并不同情华人,而是将日本人对华人的敌意视为扭转命运的希望,以牺牲海外华人作为"共同的敌人"来换取更高的社会地位。

但是从日本的角度出发,学者们普遍忽视了中国的抵抗对日本侵略东南亚的预示作用。陷入侵华战争泥潭无法自拔的日本人,在几周内击败了一系列本不可战胜的西方军队,使自己和世界都大吃一惊。1942年3月初,荷兰人仅仅一周就在爪哇岛落败,使这一系列惊天胜利达到顶点。而仅仅不到一个月前,英国人刚刚丢失了新加坡,预示了后续的这一胜利。

和侵略军相伴而来的是日本的美好许诺,它们在东南亚找到了一片沃土,尤其是在荷属东印度群岛的绝望人民当中。比起日本帝国主义,他们更熟知西方帝国主义。很多印尼人在日本占领之初感到紧张和恐惧,但他们很快被日本激进的亚洲主义意识形态吸引,接受了日本从西方帝国主义手中解放亚洲的主张,将日本视为荷兰的对立面加以欢迎,尤其是受过教育但屡屡受挫的次级精英群体。这个群体的社会地位低于与荷兰人合作的土著上层贵族,高于庞大的农民和文盲工人阶级,是一个正在兴起的中产阶级。之前的三十年里,印尼民族主义运动正是在这个阶级中萌芽。因此,战时亚洲主义不仅是一种日本现象,也是一种国际现象。

印尼相对热情的接纳引起了日本人相对热情的回应。在中国的失败没有重现,日本如释重负。印尼回光返照一般的欢迎情绪,让日本认为之前帝国主义失败的责任不在日本,而应归咎于亚洲尤其是中国对日本具有"世界历史意义"的解放使命的抵制。1942年中期,爪哇岛的一份日本报纸发表了一篇自鸣得意的社论,以揭露轶事的形式概括了这种情绪:

> 这个故事来自中国绥靖军。
>
> 他们认为,日本和中国是文字相同、民族相同的兄弟,应该携起手来。
>
> 台下有人答道:没错,但中国是大哥。
>
> 据说,绥靖军的队员们一时间无言以对。
>
> 如果他们当时能够立即回答,那该有多好。

这是一个历史问题。如果你能正确认识日本历史,答案就非常简单。

日本自古以来就是亚太地区的领导者。了解这段历史,就足够了。

日本一直在建设中国。了解这段历史,就足够了。

现在,我们在大东亚战争中亲眼目睹了上述事实。

我们必须承认,眼前的这一事实自古以来就在中国不断重复。

中国如此,南方地区也是如此。日本人,非常自豪!

出于极度愉悦和恢复的帝国自信,日本人急于以浪漫的方式与印尼称兄道弟。他们将战时的接触美化成"恢复"两国人民之间被西方帝国主义撕裂的古老、"自然"的历史纽带。为了证明这种古老纽带的存在,他们激动地断定日本人和马来人之间存在所谓的文化、语言、社会经济甚至种族上的共性。他们反直觉地解释道,日本人在文化甚至种族上"更接近"东南亚人,而非东北亚人。基于此种情况,东北亚抵抗日本及其兄弟意图的行为,被日本视为对亚洲共同遗产的背叛。

1942年5月,爪哇16军宣传队出版的日文报纸《Unabara》刊登了一幅漫画《种稻姑娘》,体现了战时日本在意识形态方面的努力。漫画家小野佐世男描绘

了许多日本人所谓的两国同根同源的观念。他附文写道："如图所示，日本和 Unabara 两地的种稻姑娘并无二致……她们自古以来就是一样的。"Unabara 是一个古老的日语词，意为大海，这里指印尼和南太平洋地区。

　　日本的美好宣传迥异于日益严峻的战时现实，最初的浪漫憧憬很快被现实打碎，破坏了印尼人早期的乐观主义。进入殖民正常化阶段后，令人失望的文化摩擦、殖民傲慢、经济失调以及日本人的日常暴力行为，使双方早期的蜜月期戛然而止。随着战争形势日益严峻，日本最大限度地压榨当地资源和劳动力，并对东南亚人展现出无知、种族主义和压迫的殖民态度，两者结合造成了致命性的后果。数百万印尼人被强迫劳动，同时物价飙升，食品、衣物、药品短缺日益严重，一场史诗规模的灾难随之到来。1945 年 8 月战争结束时，大多数印尼人认为日本比荷兰更具破坏性和掠夺性。这是一个耳熟能详的故事，其惨痛事实永远不会被遗忘。

　　但是，这段历史给日本和印尼留下了深远影响，日本帝国主义与印尼民族主义不断互动，其实质远比传统民族主义历史观的解读更复杂。日本的战时"亚洲主义"言论，一方面试图削弱"西方"帝国主义统治的合法性，另一方面塑造日本作为"亚洲"替代者的臆想形象，造成了矛盾。大多数印尼人热切拥抱日本对西方帝国主义的批判，但是随着日本"反帝国主义"主张的虚伪性不断暴露，大多数印尼人最终拒绝了日本。然而，最重要的是，基于自身的社会地位和政治倾向，民族主义者试图在"西方"自由资本主义和"西方"共产主义之外寻求"第三条道路"。日本鼓吹"亚洲"式的国家建设理念，一方面利用西式物质和技术现代化，另一方面重新发现截然不同于西方的"亚洲传统"，引起了民族主义者的共鸣，其影响力远远超出了灾难性的日据期。反殖民民族主义阶级在帝国末期取得了社会统治地位，这个阶层的许多人认为，亚洲文化和社会秩序的本质特征是"传统"社会统合主义，即，亚洲民族国家是一个幸福的大家庭，超越了"西方"现代性的内在阶级和性别矛盾。在印尼政治影响力辐射区，这种观念问题重重，但具有长远的吸引力。

　　鉴于篇幅有限，我将引用梅加瓦蒂·苏加诺 2001 年 8 月就任印度尼西亚总统时的就职演说作为结束语。当时，距离日本投降约 56 年，印尼独立 52 年，她的父亲苏加诺被苏哈托将军发起的军事政变推翻36年,苏哈托领导的军事独裁政权倒台3年。在此关键时刻,梅加瓦蒂选择拥抱未来、摈弃过去,选择"相互合作"(gotong-royong)作为其内阁的主题和口号。这个本土词汇在日占时期首次得到广泛关注。战时亚洲主义回响不绝,不仅吸引了梅加瓦蒂的父亲,也吸引了苏加诺同时代的印尼民族主义者:

> 我以印度尼西亚共和国总统的名义组阁,将内阁称为gotong-royong内阁。这不只是一个名称,还准确地代表了印尼的家庭式社会的本质。我们必须继续精心维护gotong-royong。只有摈弃个人利益,我们才能并肩协作,摆脱长期以来的危机。

水牛与蔗糖：从动物视角反思亚洲小农经济[①]

徐冠勉

（北京大学历史学系助理教授）

当我们回望20世纪的亚洲传统乡村社会，总会有熟悉的景象在脑海呈现。这幅图像中很可能会有一只水牛，被一位贫困、瘦弱的农民牵引，吃力地犁着一小块水稻田。当我们用这样的图像来描述亚洲传统小农社会时，可能会强调这是与大西洋世界出现的资本主义种植园体系根本不同的一种"传统"乡村经济。这种印象在很大程度上形塑了过去一个多世纪关于亚洲农业、农民与农村的研究，并让我们想起一系列重要的研究概念，例如农业内卷（agricultural involution）、勤勉革命（industrious revolution）、大米经济（rice economies）、宗族社会等。这些概念对我们研究的深远影响无须在此赘述，它们为思考亚洲乡村的经济、生态与资本主义提供了一系列论著，并且留下了很多值得继续深思的研究问题。可是，与此同时，同样值得我们深思的一个问题是：那个共同假设——亚洲乡村社会是一个小农社会——是否就是一个不容置疑的事实？

作为一位历史研究从业者，我们相信没有假设不可以被质疑，因为假设并非事实。本文将尝试从一种被认为和小农经济密不可分的动物——水牛——的视角，来反思这一问题。具体来说，这里的水牛是主要分布于东亚、东南亚与

[①] 本研究获得北京大学亚太研究院资助课题研究项目（2023）"水牛去殖民：亚洲种植园动物劳工史"资助。

印度阿萨姆地区的沼泽型水牛（swamp buffalo，*Bubalus bubalis kerebau*），也是中文读者最熟知的水牛。沼泽型水牛与主要分布在印度、西亚与地中海地区的河流型水牛（river buffalo，*Bubalus bubalis bubalis*）的最大区别是，前者主要是被驯化为役畜，后者则主要被驯化为乳畜。由于本文主要研究作为役畜的水牛，故如无特殊说明，文中提及的水牛均为沼泽型水牛。本文的主要目的亦不是要系统地研究沼泽型水牛（以下称水牛）在亚洲乡村的历史，而是通过展示一些代表性史料，来初步梳理水牛在东亚、东南亚糖业边疆的社会史，初步反思以往将水牛绝对化为亚洲小农经济代表性动物的做法，并为后续进一步展开关于水牛与亚洲糖业边疆扩张的研究做好铺垫（笔者正计划为此写作专书）。

这些史料大部分来自亚洲地区两大著名糖岛：台湾与爪哇。这两个地区现代糖业发展的历史都可以追溯到 17 世纪初，当时华人将中国东南沿海率先发展成熟的制糖技术带到了台湾南部与爪哇西部，并在荷兰东印度公司的庇护下发展糖业。[1] 此后，经历了数个世纪的发展，到了 20 世纪初，台湾和爪哇均已位列世界主要蔗糖产区，一并成为亚洲领先的蔗糖生产基地。关于这两个岛屿的糖业史的研究非常丰富，在此不再一一列举，但是值得思考的是，关于水牛扮演的角色尚未有非常深入的讨论。

大体来看，无论在爪哇还台湾，很多 20 世纪的观察者都会将水牛视为代表"传统"华人制糖业的"落后技术"，与化石能源驱动的现代化糖厂形成鲜明对比。[2] 但是这种将水牛与现代性二元对立的做法真的可取吗？从现有的研究来

---

[1] 关于它们早期的历史，可参考笔者近作：Guanmian Xu, "From the Atlantic to the Manchu: Taiwan Sugar and the Early Modern World, 1630s—1720s," *Journal of World History* 33:2 (2022): 265–299; Guanmian Xu, "The 'Perfect Map' of Widow Hiamtse: A Micro-Spatial History of Sugar Plantations in Early Modern Southeast Asia, 1685—1710," *International Review of Social History*, 67: 1 (2022): 97–100.

[2] Margaret Leidelmeijer, *Van suikermolen tot grootbedrijf. Technische vernieuwing in de Java-suikerindustrie in de negentiende eeuw* (Ph. D. dissertation, Eindhoven University of Technology, 1997); G Roger Knight, *Sugar, Steam and Steel: The Industrial Project in Colonial Java*, 1830—1863 (Adelaide: University of Adelaide Press, 2014); 临时台湾旧惯调查会,《台湾糖业旧惯一斑》(神户：金子印刷所, 1909), 页 1.

看，在19世纪中期开始的爪哇糖业现代化过程中，水牛和黄牛其实扮演着关键角色。尽管工业化的糖厂已经不需要畜力驱动，糖厂之外广大蔗田的犁地与甘蔗的运输依然依赖反刍类动物，为此荷兰殖民政府还建立了一个现代的牛牧育种与兽医防疫体系。① 在日本殖民统治时期，台湾也出现了现代化糖厂，但是耕地与运输仍然依赖牛类。因此，日本殖民者也在台湾建立了一个牛类育种与防疫体系。②

那么到底水牛是如何进入这两个地区的糖业经济呢？要回答这一问题，我们需要追溯到它们发展的源头，即17世纪。我想和大家分享的第一份史料来自17世纪初，当时荷兰联合东印度公司开始资助华人在台湾实验甘蔗生产。其中一位华人受资助者在1634年2月23日致东印度公司驻台湾长官的回信中提到，如果后者想要为一条即将离港的船舶装上糖的样本的话，唯一的办法就是"明天我能够有两头强壮的水牛（因为黄牛不够强壮）来转动重木压榨甘蔗"。③ 这封信会让我们想起同时期《天工开物》的记载。1637年出版的《天工开物》中描绘了这样的一座糖车（图1）。根据宋应星的描述，糖车其实主要靠牛"团走"驱动两根巨轴榨取蔗汁，这两根巨轴需要"木用至坚重者"。④

---

① Peter Boomgaard and Pieter M. Kroonenberg, "Rice, Sugar, and Livestock in Java, 1820—1940: Geertz's Agricultural Involution 50 Years On," in *Rice: Global Networks and New Histories*, ed. Francesca Bray, Peter A. Coclanis, Edda L. Fields-Black and Dagmar Schäfer (Cambridge: Cambridge University Press, 2015), 56 – 83; Martine Barwegen, "Gouden hoorns: De geschiedenis van de veehouderij op Java, 1850—2000" (Ph. D. dissertation, Wageningen University, 2005), 151 – 163; Martine Barwegen, "Browsing in Lifestock History: Large Ruminants and the Environment in Java, 1850—2000," in *Smallholders and Stockbreeders: History of Foodcrop and Livestock Farming in Southeast Asia*, ed. Peter Boomgaard and David Henley (Leiden: KITLV Press, 2004), 283 – 305; Peter Boomgaard, "The Age of the Buffalo and the Dawn of the Cattle Era in Indonesia, 1500—1850" in *idem*, 257 – 282; J. Kreemer, *De Karbouw: Zijn betekenis voor de volekn van de Indonesische Archipel* ('s-Gravenhage/Bandung: Uitegverij W. van Hoeve, 1956), 91 – 140.

② 朱丰中：《台湾牛瘟防治之研究（1894—1923）》（台湾师范大学硕士论文，2015年）；邱渊惠：《台湾牛：影像·历史·生活》，台北：远流，1997, 42 – 49, 70 – 81, 90 – 127, 136 – 147；另外可期待黎又嘉的相关研究。

③ NA (Nationaal Archief), Collectie Teding van Berkhout 15, fo. 5.

④ 宋应星：《天工开物》（涂刻本1637），第六卷，页76a。

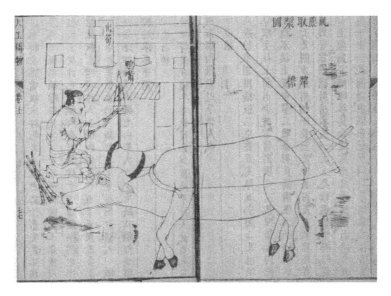

图 1　宋应星,《天工开物》(涂刻本 1637),第六卷,页 76b—77a

一人、一车、一牛,《天工开物》的这幅图像似乎证实了这是一种基于小农经济的乡村糖业,即糖的生产可以由一个家庭完成,而不需要形成超越家庭的生产组织。而这也正是穆素洁(Sucheta Mazumdar)关于中国糖业的经典研究《中国:糖与社会——农民、技术和世界市场》中的主要观点,即中国糖业经济深嵌于中国特有的小农经济,难以发展为大西洋世界那种资本主义种植园经济。①

但是实际情况却远远要比这复杂。回到台湾,一幅 18 世纪中叶的采风图(图 2)展示了非常不同的情景。它显示一群劳工——全部是男性——为一个糖廊工作,这个糖廊里的糖车由两头牛驱动,从图像来看,我们基本可以断定它们是水牛(尤其是因为头顶硕大的牛角)。图中,这两头水牛所驱动的两大轴也不再是木头制,而是石制的,它们的重量肯定会因此增加很多。②

---

①　Sucheta Mazumdar, *Sugar and Society in China: Peasants, Technology, and the World Market* (Cambridge, Mass.: Harvard University Press, 1998).
②　黄叔璥的《台海使槎录》(1736)也提到"今蔗车两石矗立",见黄叔璥,《台海使槎录》(1736)(台北:台湾银行,1957),卷三,页 57。

图 2　糖廊（杜正胜，《番社采风图题解：以台湾历史初期平埔族之社会文化为中心》，台北："中研院"历史语言研究所，1998，第八图）

另外，一份由第一任巡台御史黄叔璥（1722—1723 年在任）于 1736 出版的史料则展示了一个更为复杂的糖廊分工体系：

> 每廊用十二牛，日夜硖蔗；另四牛载蔗到廊，又二牛负蔗尾以饲牛……廊中人工：糖师二人、火工二人（煮蔗汁者）、车工二年（将蔗入石车硖汁）、牛婆二人（鞭牛硖蔗）、剥蔗七人（园中砍蔗，去尾，去箨）、采蔗尾一人（采以饲牛）、看牛一人（看守各牛），工价逐月六七十金。①

---

①　黄叔璥，《台海使槎录》(1736)（台北：台湾银行，1957），卷三，页 57。

可见,在18世纪的台湾,如果一座糖廍要正常运作,便需要18只牛与17位劳工。① 这些劳工显然也不会由单个家庭或宗族供给,因为一方面作为新移民社会的18世纪台湾乡村,没有提供如此数量人力的当地宗族,另一方面该史料也明确表示,这些劳工会从糖廍的主人那边领取工钱,总计"逐月六七十金"。

非常有意思的是,同样是在18世纪初期,笔者所关注的另外一个糖岛——爪哇——也给我们留下了丰富的史料,可以用来讨论那里的糖业经济运营情况。其中很有意思的一批史料是糖业种植园主(主要是华人)与爪哇劳工签订的合约,这些合约由荷兰公证员公证,并作为公证文书保留至今。这些文书中大量记载了种植园主如何雇佣劳工运作糖廍以及饲养水牛。例如,1703年6月27日,一位名为Tan Kimko的华人种植园主与一位名为Tsipta Wangsa的爪哇头人签订了一份为即将开始的榨糖季准备的劳务合同。根据合同,Tsipta Wangsa需要为Kimko提供24名劳工。其中,6人负责在糖廍内驱动糖车榨糖,并需要日夜轮班工作,确保日夜班各榨取8桶蔗汁——这意味着驱动糖车的水牛也需要日夜轮班工作;12人负责去蔗田里面砍蔗,并且把砍好的甘蔗运到糖廍;4位负责为煮糖的炉灶生火,并且也负责为糖廍运水;2人负责剥蔗叶,作为水牛饲料。为此,Tsipta Wangsa会获取68荷兰银元(rijksdaalder)的报酬,不过与此同时,Tsipta Wangsa必须为这些劳工使用的水牛负责。如果水牛被恶人所伤或者被偷,Tsipta Wangsa需要为每头水牛支付10荷兰银元。②

此外,还有专门的牧牛合同。1703年4月3日,一位名为Pouw Japko的华人种植园主与一位名为Patra Jaija的爪哇头人签订了一份合同。后者需要负责日夜照料前者的一个蔗糖种植园的水牛。具体而言,在甘蔗榨季时,后者需要派遣二位劳工;而在榨季结束后,后者需要派遣三位劳工,因为此时水牛需要到森林中吃草休养。为此,Pouw Japko将为每只受照料的水牛每年支付1荷兰银元,另外需要为每位劳工每月支付1/4银元以及4斗(ganting)米。但是,

---

① 关于18世纪台湾糖业发展的经典研究是:Christian Daniels(唐立),《清代台湾南部における制糖业の构造——とくに一八六〇年以前を中心として》,《台湾近现代史研究》,5号(1984):47—113。

② ANRI(Arsip Nasional Republik Indonesia), Het notarieel archief van Batavia, 1621—1817, 2092, 27 June 1703.

如果水牛在受照料期间（无论是日、夜）被恶人所伤或者被偷，那么 Patra Jaija 需要为每只损失的水牛赔偿 10 荷兰银元。① 另外一份签于 1703 年 11 月 7 日的牧牛合同则规定一个爪哇头人需要负责派人照料一个华人的蔗糖种植园的所有水牛——一共 40 头水牛。②

那么，这些由种植园主所有并由种植园主雇专人看护的水牛又过着怎样的种植园生活呢？这方面的信息非常难获取，但有一份非常详尽的巴达维亚糖业种植园调查报告为我们提供了宝贵信息。这份报告起草于 1785 年，由一位欧亚混血的糖业种植园主 Andries Teisseire 根据自己的经验所写，并于 1790 年发表于《巴达维亚技艺与科学协会会刊》第五期。文中详细描述了当时一个巴达维亚糖业种植园内部的分工，显示此时的一个种植园需要雇用 200 多位劳工，拥有 100 多头水牛。这些水牛被分配从事不同的工作，包括驱动糖车、耕地、拉车、托运木材等。其中非常重要的一项工作便是耕地。根据 Teisseire 的描述，一个种植园的耕地部门由一位称为"耕地主管"（*mandoor over de ploegers*）的头人负责，在他手下有两名华人与 25—28 名爪哇人劳工，以及一群水牛。他们一天的工作如此开始：

> 每天早上 3:30，当厨师击鼓，并把食物分发给耕地主管和普通的华人劳工时，耕地主管就会叫醒爪哇耕地工人，并打开牛舍，让水牛下水沐浴。然后，他和水牛们以及劳工们一起在 4:30 或者 4:45 的时候去地里，按照昨晚种植园大主管（*groot-mandoor*）的指示执行耕地任务。劳作到 8:30—9:00，他从地里回来，并且让耕作的水牛去草场吃草休息，由两个他最信任的耕地劳工看护。③

可见，水牛如同劳工，在种植园里过着如同现代工厂一般的劳工生活，并须

---

① ANRI（Arsip Nasional Republik Indonesia），Het notarieel archief van Batavia，1621—1817，2092，3 April 1703.
② Ibid.，7 November 1703.
③ Andries Teisseire，"Verhandeling over den tegenwoordigen staat der Zuikermolens omstreeks de stad Batavia"（1785），*Verhandelingen van het Bataviaasch Genootschap van Kunsten en Wetenschappen* 5（1790）：72—73.

严格遵守种植园作息纪律。但是我们不禁要问,水牛喜欢这样子的生活吗?我想,如果我是水牛的话,答案也许是否定的。其实此时的巴达维亚乡村正在经历一场水牛危机。1802年,面临日益恶化的劳工与水牛供给短缺危机,荷兰殖民政府组建了一个委员会对巴达维亚乡村的糖业种植园展开系统的实地调查,根据目前残留的档案,此时巴达维亚西部乡村的32.5个种植园一共雇用了位2776位劳工与3915只水牛,但是,如果这些种植园要全力开工的话,还缺2688位劳工与965只水牛。① 按照时人观察,水牛短缺问题的一个根源是,在种植园工作、生活的水牛往往很快死去。例如,Teisseire在其文章中指出,由于艰苦的劳作、旱季的草场不足或者雨季的疾病,种植园中很多水牛——有时多达一半——会失去工作能力或者死去。②

巴达维亚种植园因此一直依赖从周边山区输入水牛。但是,在18世纪下半叶,爪哇西部山区正在经历一场社会经济与生态环境巨变。荷兰东印度公司在18世纪初期引入的咖啡,此时开始大规模种植,这使得大量水牛被用于繁重的咖啡运输工作。③ 咖啡种植者需要按照东印度公司的指示,用水牛将咖啡豆翻山越岭从山区驮运到海边的商栈。④ 这使得整个爪哇西部出现了水牛短缺,而巴达维亚的糖业种植园也不得不付出越来越高的成本从越来越远的地区购买水牛。⑤

进入19世纪,爪哇的糖业边疆开始由巴达维亚郊区向人口与水牛更为密

---

① NA, Ministerie van Koophandel en Koloniën 136, Het rapport door hem in 1802 uitgebracht aan Heemraden der Bataviase Ommelanden "weegens den staat der om de West van Batavia geleegene zuikermoolens"; Margaret Leidelmeijer, *Van suikermolen tot grootbedrijf. Technische vernieuwing in de Java-suikerindustrie in de negentiende eeuw* (Ph. D. dissertation, Eindhoven University of Technology, 1997), 335—336. (Leidelmeijer所做表格数据并不完全正确,需要用原始档案核对。)

② Teisseire, "Verhandeling over den tegenwoordigen staat der Zuikermolens omstreeks de stad Batavia" (1785), 45—46.

③ Jan Breman, *Mobilizing Labour for the Global Coffee Market: Profits from an Unfree Work Regime in Colonial Java* (Amsterdam: Amsterdam University Press, 2015).

④ Frederik de Haan, *Priangan, De Preanger-Regentschappen onder het Nederlandsch Bestuur tot 1811*, 4 vols (Batavia: Bataviasch Genootschap van Kunsten en Wetenschappen, 1910—12), vol. 3, p. 671—674.

⑤ Leidelmeijer, *Van suikermolen tot grootbedrijf*, 77; NA, Collectie Engelhard, 52, fos 3.1—3.2; de Haan, *Priangan*, vol. 4, p. 486—487.

集的爪哇岛中、东部转移。在我看来,1830年代出台的臭名昭著的"种植体系"(cultivation system)在很大程度上就是为应对这场劳工与水牛的危机。正如布姆加德(Peter Boomgaard)所指出的,19世纪中叶是一个"疯狂修筑水田的年代",因为殖民政府迫使乡村社会开垦更多水田用于米糖轮作。在这个过程中,水牛扮演了关键角色,因为水田的耕作离不开水牛。① 水牛与糖业边疆的共同扩张一直持续到了19世纪下半叶,此时荷兰殖民政府引进并推广了杂交黄牛。这些由印度与爪哇黄牛杂交的黄牛很强壮,它们较硬的蹄子也能够更好地适应改造过的乡村道路,此时越来越多原本泥泞的道路被铺上了坚硬的石子。② 另外,从19世纪中叶开始,爪哇乡村出现了大批现代化糖厂,化石能源取代了畜力成为驱动榨糖机器的动力。③ 这些因素使得水牛在整个爪哇乡村逐渐减少,而关于种植园中的水牛的历史也因此淡出人们的视野。到了20世纪,水牛似乎已经与种植园无关,而成为所谓亚洲小农经济的标志性动物。也正是在这个背景下,研究爪哇小农经济的著名学者格尔茨(Clifford Geertz)发表了他关于农业内卷化的重要论著。但是,非常可惜的是,这部以19世纪爪哇乡村米糖经济为核心的论著却没有任何关于水牛的讨论。④ 我会在接下来的研究中努力填补这个缺憾。

---

① Boomgaard, "The Age of the Buffalo and the Dawn of the Cattle Era in Indonesia," 260.
② Barwegen, "Browsing in Lifestock History."
③ Knight, *Sugar, Steam and Steel*.
④ Clifford Geertz, *Agricultural Involution: The Processes of Ecological Change in Indonesia* (Berkeley: University of California Press, 1963); Boomgaard and Kroonenberg, "Rice, Sugar, and Livestock in Java, 1820—1940: Geertz's Agricultural Involution 50 Years On."

大运河的漕粮北输与中近古南北社会发展新论

李治安

（南开大学历史学院讲席教授）

大运河是隋代以来最伟大的水利工程，也是沟通和影响中近古南北方社会经济发展的交通动脉。有关大运河的功能及价值，古今评说纷纭。本文吸收前人研究成果，试从维护国家政治统一、南北经济文化的交流互动、时代局限与元明以降历史地位等方面予以新的探讨。

一、大运河保障漕粮北输和维护南北政治统一

早在周秦时代，我国的疆域就形成了黄河中下游、长江中下游、塞外草原三大板块。黄河中下游是中华文明最早的发祥地，长江中下游总体发展水平仅次于黄河中下游，塞外草原则是北方民族游牧栖息的广袤地域。历代王朝受政治控制、交通和经济资源等制约，都城都设置在黄河中下游。如周秦汉唐的镐京、咸阳、长安及洛阳，北宋元明清的汴梁、燕京。4世纪以后北方民族两次大规模南下和江南不断开发，最终使江南经济后来居上，经济及文化重心随之南移。特别是契丹、女真和蒙古等民族南下，中原战乱频仍，与长江中下游地区的经济差距日渐拉大，财税漕粮等不得不主要依赖南方[①]，在南北关系上遂呈现政治中心、经济中心错位和经济上北依赖南、政治上北支配南的格局。

---

① 郑学檬：《中国古代经济重心南移和唐宋江南经济研究》，长沙：岳麓书社，2003年。

自秦汉建立郡县制中央集权式的贡赋—贡纳体制以及"漕传关东粟以给中都官"①，遂打破商周内、外服"各因所生远近，赋入贡棐"陈规，一概绝对服从国家的统一征集调度。隋唐宋定都在长安、洛阳和汴梁，长期依赖大运河将三五千里之外的东南财赋转运至京师。元明清更是需要北上运至燕京。大运河的开凿与运作，是中古经济文化重心南移和北方、南方政治、经济中心错位的派生物，同时也体现隋唐以降贡纳漕运与之相适应的新发展。

　　因国土地势西高东低，南北走向的主干河道偏少，在海河、黄河、淮河、长江四大流域的东部，尤其是如此。隋大运河首次沟通黄河、淮河、长江三大水系，又沟通沁水到涿郡，充任南粮北输的"黄金水道"。元会通河和御河等直线南北穿越山东，将大运河缩减为3580余里，充当北方政治中心与江南经济重心间的交通动脉，为帝制国家的政治军事控驭和财赋支撑提供了极大便利。

　　从6世纪始，历代王朝无不仰赖东南财赋来支撑国计民生，漕粮北输由此成为帝制国家财赋贡纳的重要命脉。唐人李敬方诗曰"东南四十三州地，取尽膏脂是此河"②。明人丘濬亦云，"国家都北而仰给于南，持此运河以为命脉"③。北宋明清年度运河漕粮大多维持在400万石左右，"漕运史也可称为'南粮北调'史"④。

　　在保障漕粮北输和维护南北政治统一的层面，中古大运河发挥着巨大功用。以唐后期为例，"赋取所资，漕挽所出，军国大计，仰于江淮"⑤。大运河转输江淮漕粮遂成为关乎唐政权安危的生命线。刘晏任转运租庸盐铁使，实施疏浚

---

① 班固：《汉书》卷24上，《食货志上》，北京：中华书局，1962年，第1117页、第1127页。
② 李敬方：《汴河直进船》，载《全唐诗》（增订本）卷508，北京：中华书局，1999年，第5818页。
③ 丘濬：《大学衍义补》卷24，《治国平天下之要·制国用·经制之义下》，卷34《治国平天下之要·制国用·漕挽之宜下》，丘濬著，周伟民等点校《丘濬集》，海口：海南出版社，2006年，第455、595页。
④ 彭云鹤：《明清漕运史》，北京：首都师范大学出版社，1995年，第207页。
⑤ 吕温：《吕和叔文集》卷6，《韦府君神道碑》，《四部丛刊初编》，上海：商务印书馆，1929年，第4页A。权德舆：《权载之文集》卷47，《论江淮水灾上疏》，《四部丛刊初编》，上海：商务印书馆，1929年，第1页B。

汴水、"盐利"充漕运"顾佣"和分段组纲等,使江淮漕粮达到 110 万石①,从而替转危为安的唐政权提供了宝贵的财赋支持。北宋抵御辽金,明成祖迁都燕京、亲征大漠和而后的"九边"军事防御,乃至清朝入关而抚定天下,无不仰赖大运河漕运。据粗略统计,大运河修凿之前的 800 年间,南北统一的时间约占 62.5%。而修凿京杭大运河之后的 1300 年间,南北统一的时间约占 84.6%。大运河将海河、黄河、淮河、长江和钱塘江等东部广袤地域纵向贯通,对中近古南北政治统一的助推保障,不可或缺。

二、大运河与南、北方经济文化的交流互动

附属于帝制国家贡纳体系的中古大运河,主旨是官方漕运,客观上却容纳和牵动南北商贸交通,促进了南方、北方经济社会的结构性演进。

1. 连通东部五大经济区与中原先进文明的南传

大运河充任沟通黄河中下游板块与长江中下游板块的商贸干道,首次将燕、赵、魏、宋、齐、鲁、徐、吴、越等相对独立的经济区②自北向南连成一体,为南北经济交流提供了极大的便利。大运河在主要承担官府漕运职能的同时,又充当南北商品贸易的大动脉。如杜佑所云,"自是天下利于转输……西通河洛,南达江淮……其交、广、荆、益、扬、越等州,运漕商旅,往来不断"③。南、北方各地的大批商人、货物被吸引到运河漕道及沿途城镇,燕赵、中原、齐鲁、江淮、闽越等地域之间的商品贸易往来更为便利,经济交流更为频繁。

大运河颇有利于中原先进经济文化的南传和江南的逐步开发。唐后期"两京蹂于胡骑,士君子多以家渡江东","中夏多难,衣冠南避,寓于兹土"④。大量北方人口率多沿大运河南迁至东南江淮一带,带来了中原先进的耕作技术,遂

---

① 刘昫等撰:《旧唐书》卷 123,《刘晏传》,北京:中华书局,1975 年,第 3511—3515 页。欧阳修,宋祁撰:《新唐书》卷 53,《食货志三》,北京:中华书局,1975 年,第 1368 页。
② 司马迁:《史记》卷 129,《货殖列传》,北京:中华书局,1959 年,第 3261—3270 页。
③ 杜佑:《通典》卷 10,《食货十·漕运》,卷 177《州郡七·古荆河州》,北京:中华书局,1988 年,第 4657 页。
④ 刘昫等撰:《旧唐书》卷 148,《权德舆传》,第 4002 页。梁肃:《吴县令厅壁记》,《全唐文》卷 519,《梁肃三》,北京:中华书局,1983 年,第 5273 页。

使江淮成为继黄河中下游之后的又一农业富庶区,尤其是长江三角洲的经济得以较快地发展繁荣。因通济渠与邗沟、江南河、长江在附近交汇沟通,扬州遂成为全国漕运枢纽和重要的水路交通中心,又是全国经济中心。江南运河畔的"三吴"苏州、润州、湖州经济更为富庶,"国用半在焉"①。始于东晋的江南千年大规模开发,大体是与中原向东南移民、东南向江西移民再向湖广移民等相伴而行的。以太湖为中心的东南地区走在江西、湖广之前,率先成为江南经济最发达的地带,成为10世纪以降"江西填湖广""湖广填四川"等②自东向西经济开发的基地或策源区。

2. 拉动商贸商帮与催生北段运河城镇

早在唐宋时期,已有少量漕运人员附载私货异地买卖。明清官府对漕运兵丁附载商货遂有较严格的数量限制。万历至康熙年间只允许附载"土宜"60石,后来放宽至120石③。漕船附载来的外地商货备受青睐,"漕船到水次,即有牙侩关说,引载客货,沿途居民藉此以为生理者,亦复不少"④。据有关研究,明中叶到清中叶的三四百年间,运河的商品流通量又远远超过其漕粮运输量。全国征收商税的八大钞关(崇文门、河西务、临清、淮安、扬州、浒墅、北新、九江)除九江外,其他七个都在大运河之上,万历年间七钞关的商税已占到八钞关总数的92.7%⑤。

自唐后期刘晏等盐铁使兼转运使以盐利补贴漕运,大运河往往和官府榷盐及盐商经营活动紧密相连,故又成为历朝盐商行盐贩运的南北大通道。特别是

---

① 李吉甫撰,贺次君点校:《元和郡县志》卷25,《苏州》,第600页。杜牧:《樊川文集》卷14,《唐故银青光禄大夫检校礼部尚书御史大夫充浙江西道都团练观察处置等使崔公行状》,《四部丛刊初编》,上海:商务印书馆,1929年,第13页A。以上参阅白寿彝总主编,史念海主编:《中国通史》第9册,隋唐时期上,上海:上海人民出版社,1997年,第779—784页、第795页。
② 张国雄:《明清时期的两湖移民》,西安:陕西人民教育出版社,1995年。凌礼潮:《"江西填湖广"与"湖广填四川"比较研究刍议》,《北京科技大学学报(社会科学版)》2014年第1期。
③ 《清圣祖实录》卷109,康熙二十二年四月庚寅,《清实录》第5册,北京:中华书局,1985年,第111页。
④ 《世宗宪皇帝朱批谕旨》卷138下,谢旻《酌陈停运漕粮之议》,雍正九年正月二十四日,《景印文渊阁四库全书》,第422册,台北:台湾商务印书馆,1986年,第282页。
⑤ 许檀:《明清时期运河的商品流通》,《历史档案》1992年第1期。

两淮榷盐产量最多,仰赖大运河的水运便利,"行盐地方,南尽湖广,西抵河南,地方数千里,人民亿万家"①,盐商遂成为运河沿线财力最雄厚的特权商人。明以盐引招商运粮北边及丝绸、瓷器、茶叶、木材等官民采购贩运,也需要依赖大运河通道。因"开中法"而崛起的晋商等,长期活跃于运河沿线,盐业运销或有垄断,还经营粮食、纺织、制陶、典当、票号等。徽商"盐业于两淮为著"②,明末在两淮的势力超越晋商,且多担任两淮总商。史称,两淮山西盐商王履泰、尉济美和徽商如鲍有恒(鲍氏行盐牌号)"皆挟千万金,资本行之数十年"③。这些商帮和商人游走于运河沿线,拉动商业贸易鼎盛,同时也刺激农民由以物易物的简单交换走向市场,推动商品市场的形成发展和新经济因素成长。

大运河南粮北输还催生了商丘、淮安、济宁、聊城、临清、德州、沧州、通州、天津等一批北方运河城市以及张秋、谷亭、南阳、夏镇等"镇城"④。运河城市皆因漕运而兴盛,当是汉唐长安等政治型都邑城市之外的另一类商业城镇。

3. 促进南北商品市场流通、文化互动及联接海陆丝路

7世纪以后的大运河,颇有利于发挥江南经济文化的带动和辐射作用,促进北方社会经济的恢复发展。前述运河城镇遂形成北方新的经济增长地带,对北方经济恢复发展和商品贸易的重新繁荣,发挥了带动效应。譬如,山东临清凭借运河、卫河、汶河三水道在境内分合,构建起以北达京津、南抵苏杭、西及汴梁为主干的商品流通网,既作为地方性市场为本城居民、手工业者及附近州县的农民服务,又作为区域性市场为鲁西、豫东和直隶广大地区的商品流通服务,同时还作为商品转运枢纽,在全国性经济运转中为南、北两大经济区的物资交流服务。时至清代,其区域性市场的功用又明显上升⑤。另外,清前期临清东北

---

① 霍韬:《淮盐利弊疏》,载嘉庆《重修扬州府志》卷63,《艺文志二》,《中国地方志集成·江苏府县志辑42》,南京:江苏古籍出版社,1991年,第416页。
② 道光《徽州府志》卷3之一,《营建志》,《中国地方志集成·安徽府县志辑48》,南京:江苏古籍出版社,1998年,第221页。
③ 姚莹:《上陆制府九江卡务情形禀》,载王定安等撰《重修两淮盐法志》卷157,《杂记门·艺文五·议说》,《续修四库全书》第845册,上海:上海古籍出版社,2002年,第682页。
④ 傅崇兰:《中国运河城市发展史》,成都:四川人民出版社,1985年。
⑤ 许檀:《明清时期山东商品经济的发展》,北京:中国社会科学出版社,1998年,第158页,第170、171页。

200多公里处出现以手工业繁荣著称的淄博,是北方唯一的新兴"辐射型"商业城市①。大运河有助于创造较发达的跨地域商业走廊,推进南方与北方的经济贸易。明代华北所产棉花大量沿运河运销江南,江南棉布和丝织品则运销华北。时至清代,随着华北本地棉纺织业的发展,纺织品贸易在运河流通中的比重明显下降,粮食转而成为最主要的商品。南下商品数量还超过北上商品,占据主要地位。明清之际的运河商品流通已日益与长江、沿海相联系,正在形成新的流通格局②,由此推动全国性商品流通市场不断发展。

千余年间,大运河还深刻影响东部南方、北方的社会文化交流及结构优化。隋唐以降因科举、任官迁转及军旅屯戍等需求,大运河遂成为官员、士人、兵将等南北往返的主要通道,对南、北方社会文化交流带来了良好影响。尤其是漕运和贸易逐渐广泛渗透到北方运河沿岸各地,使漕卒、河工、纤夫、工匠等职业进入当地民众,包括"南人"在内的一批批商贾客户和官绅文士等也随水路漕船往来,甚至寓居下来,与当地土著一起生活。在这个意义上,大运河又充任南方、北方地域文化间最为便捷通畅的沟通交流管道。

10世纪前后海上丝绸之路和海外贸易的繁荣,使地处东亚大陆相对独立地理单元的中国,获得了与域外文明交流更为便利的航海通道。大运河在促进南方经济文化支撑、带动、辐射北方的同时,还具有南北联接海上丝路和陆地丝路的重要功能。

三、大运河的时代局限与元明以降历史地位嬗变

中古大运河在近一千三百年间保障漕粮自南输北、维护国家政治统一方面的建树功勋,无与伦比,堪称古代劳动人民改造自然的伟大成就。在古代中国诸多巨大工程行列,唯有大运河能够和大禹治水相提并论。万里长城虽然在国内外声名远扬,但就其对国计民生的综合功效而言,却明显逊色于大运河。

---

① 据有关研究,清代商业城市可分为聚集型、辐射型和中转型三种类型。临清、济宁、淮安等运河城市,属于中转型商业城市。山东淄博则属于以手工业著称的辐射型商业城市。参见方行、经君健、魏金玉主编《中国经济通史·清代经济卷》(中册),北京:经济日报出版社,2000年,第1248、1249页。

② 许檀:《明清时期运河的商品流通》,《历史档案》1992年第1期。

大运河本身即为中古贡纳体制的组成部分和直接工具,在动用民众徭役等举国运作以全力实现帝制贡纳漕粮转输方面,表现得淋漓尽致。因贡纳体制工具与徭役物化成果的时代局限,大运河表现出利弊相参的"双刃剑"效用。

在元代海运漕粮成功之前,大运河的"双刃剑"效用并不十分明显,尤其是在隋唐及北宋时代,大运河上述维护国家政治统一和促进南北经济文化交流的正面历史作用十分巨大,生态等负面影响偏小且尚处于无碍大局的非主流方面。而在元代海运漕粮取得成功后,因海运顺应大航海历史趋势却发生朱棣废止海运而固守河漕的逆转,元明以降大运河的利弊"双刃剑"效用遂发生突变,漕运滥用百姓徭役、不计经济成本代价和损害生态环境等负面影响未减反增,大运河的历史地位由是发生悲剧性的颠覆。

阮元言明清每岁河运漕粮定额 400 万石,直接耗费即高达 800 万石。若是海运,耗费仅 160 万石[1]。加上维持运道及治河,清代需支出数百万甚至千万两白银,占到清中期年度直省 4000 万两左右财政总收入[2]的 1/5 左右。面对河漕成效与经济成本相差十六七倍的赔本工程,连明末远涉重洋来华的利玛窦都表示质疑和惊讶。这就是所谓"利玛窦难题"。

人们不禁要问:为什么中外明眼人一目了然的巨额赔本工程,朱棣等明清统治者却置若罔闻,偏偏在"大航海"到来之际却反其道而行之,废海运固守河运,且在长达四五百年间愚顽不化地迟迟未能迈向海运呢?

就废罢海运的决策出笼而言,迁都、北征、"海禁"防倭及运河航道疏通,无疑是主要和基本原因。之所以固守河运且四五百年未迈向海运,官商利益地缘集团作祟和明清统治者对江南政治、财富双重控制需要等,或许作用更为突出。

平心而论,曾命令郑和率庞大船队六次下西洋的朱棣,实际上并不十分"害怕海洋和侵扰海岸的海盗",也不会太在意"从海路向朝廷运送供应品会更危

---

[1] 阮元:《海运考》(上),载魏源辑:《皇朝经世文编》卷 48,《魏源全集》第 15 册,长沙:岳麓书社,2004 年,第 575 页。

[2] 王庆云:《石渠余纪》卷 3,《直省岁入总数表》,《续修四库全书》第 815 册·上海:上海古籍出版社,2002 年,第 335 页。

险"①。只不过他会从"靖难"经历中更为深切地感知到河漕比起海运,能够获取借运河控制东南漕粮财富和从政治军事上牢牢控驭南京为首的整个江南等双重成效。"国家两都并建,淮、徐、临、德,实南北咽喉"②。朱棣之后的明清统治者固守河运四五百年迟迟未能迈向海运的主要原因,似乎也是如此。如马俊亚和樊铧所云,明清出面反对海运的主要是漕司、山东府州官员及其身后的官商利益集团③。他们更多谋取的是发漕运之财。明清统治者追求的最大政治效益,即维护其"家天下"的万世一系及严密控驭江南。二者上下呼应,可谓各取所需,既得利益分沾。正是此种利益"绑架"始终左右着漕运决策的"低智商"走向,致使明初及此后的河运与海运之争,发生长期废止海运的可悲逆转,跌入枉顾经济成本乃至殃民误国的"陷阱"。

因弃而不用较先进的漕粮海运与客商河运的分类配合,大运河四种负面效应及社会成本不断上升凸显,逐渐部分掩盖或抵消其正面效用。

1. 开凿和维护运河造成南、北方百姓的沉重劳役

隋和元、明修凿大运河,百姓劳役最为繁重。605年"发河南诸郡男女百余万"修凿通济渠;"又发淮南民十余万开邗沟"④。608年"发河北诸郡男女百余万开永济渠"⑤。元修会通河"凡役工二百五十一万七百四十有八"⑥。1411年调集山东、直隶、徐州民三十万修复元末淤塞的会通河⑦。平时还征集或募用"浅夫""堤夫""闸夫""坝夫""溜夫""泉夫"等多种夫役。其次是漕粮输送之役,包括自备车船直接输送京师,或送至淮安等水次仓⑧。明初粮长和"白粮"等,是

---

① 解扬:《"利玛窦难题"与明代海运》,《读书》2010年6期。
② 张廷玉等:《明史》卷79,《食货志三》,第1921页。
③ 马俊亚:《集团利益与国运衰变:明清漕粮河运及其社会生态后果》,《南京大学学报(哲学·人文科学·社会科学)》2008年第2期。樊铧:《明初南北转运重建的真相:永乐十三年停罢海运考》,《历史地理》2008年第1期。
④ 魏征:《隋书》卷3,《炀帝纪上》,北京:中华书局,1973年,第63页。司马光:《资治通鉴》卷180,《隋纪四》,大业元年三月戊申,北京:中华书局,1956年,第5618页。
⑤ 《隋书》卷3,《炀帝纪上》,第70页。
⑥ 杨文郁:《开会通河功成之碑》,载谢纯:《漕运通志》卷10,《续修四库全书》第836册,上海:上海古籍出版社,2002年,第170页。《元史》卷64,《河渠志》,第1608页。
⑦ 张廷玉等:《明史》卷153,《宋礼传》,第4204页。
⑧ 杨亚非:《试论明代漕运方式的变革》,《社会科学战线》1986年第2期。

为前者。王夫之所谓"役水次之夫",是为后者。

2. 漕粮、耗米、造船等代价繁重

明代江南漕粮324万石,清代江南漕粮324.44万石(不含白粮),均占全国漕粮总额的81%。相继实行与民运衔接的"支运""兑运""长运"和"改兑"等①,又需交纳数量不等的耗米及"轻赍银"②,甚至多达漕粮额的1/4。筑闸坝、造船舶、修道路、建仓库等投入巨大。尤其会通河直接穿越山东,越闸过坝直达南北。各坝每日过船定为100艘,遇风雨减半。因需大力绞拽,"船过必损"。若遇干旱乏水,"甚至掘坝接潮以救粮运"。若遇运河水大,则决岸倒坝,各种修筑费用动辄以千万两计。漕船越闸过坝,"起若凌空,投若入井"③。如1570年共损毁船800余艘,溺人千余,失粮226000石④。明漕船年度浅船总造价约186990两,按市价可兑换75万余石粮食⑤,亦接近漕粮总额的1/6。

3. 官吏侵蚀官费民财

漕司及地方官吏,沿途浮收勒索,"水次""过淮""抵通""过坝"等陋规名色,不一而足⑥。清人言,"夫南漕自催科、征调、督运、验收,经时五六月,行路数千里,竭百姓无数之脂膏,聚吏胥无数之蠹贼,耗国家无数之开销"⑦。州县官吏的盘剥勒索,司空见惯,"每办一漕,额多之州县官立可富有数十万之巨资"⑧。官吏侵蚀官费民财,无疑额外增大了漕运成本。

4. 对黄河、淮河和海河流域生态环境的损害

徐光启指出,开凿大运河之前,黄河沿着"北不侵卫,南不侵淮"的"中道而

---

① 张廷玉等:《明史》卷145,《朱能传,附朱勇传》,第4087页;卷79,《食货志三》,第1921页。
② 李东阳等撰,申时行等重修:《大明会典》卷27,《脚耗轻赍》,扬州:广陵书社,2007年,第510页。
③ 顾炎武:《天下郡国利病书》原编第12册,第64页,《续修四库全书》第596册.上海:上海古籍出版社,2002年,第229页下。
④ 马俊亚:《集团利益与国运衰变:明清漕粮河运及其社会生态后果》,《南京大学学报(哲学·人文科学·社会科学)》2008年第2期。
⑤ 谢文森:《明代漕运成本问题探究》,《绥化学院学报》2017年第5期。
⑥ 王命岳:《漕弊疏》,(清)魏源辑:《皇朝经世文编》卷46,《魏源全集》第15册,第478—479页。
⑦ 胡燏棻:《上变法自强条陈疏》,《皇朝经世文三编》卷16,《治体四》,北京:国家图书馆藏光绪石印本,第2页。
⑧ 《上海县续志》卷30,《杂记三》,《中国方志丛书·华中地方·第14号》,台北:成文出版社,1970年,第1769页。

安行东出于兖"进入大海,较少发生"决溢之患"。大运河却人为地改变了此种状态。隋修通济渠,引黄河"通于淮海","南入"淮河流域,"人以为百世利矣",却留下黄河淤塞或冲决淮河、运河等水道的隐患①。由于北方雨量偏少且集中在夏秋季节,通济渠等大抵以黄河为水源,不仅多沙,且随季节枯盈,时通时滞,频繁泛决。尤其是元世祖朝接受寿张县令韩仲晖的建议修会通河,"引汶绝济",明永乐时潘季驯等集其大成,"人以为万世利也"。但黄河"故道""在今东平之境"被会通河"横绝","不复得中道也"。自元末黄河夺淮河入海,而后每逢战乱决口,黄河频繁顺汴河等南侵夺淮入海。"引河济运"或"借黄行运",致使汴河流域破坏首当其冲,淮河与运河也相继为黄河所害,或陷入黄河、淮河、运河俱坏的恶性循环②。特别是因"保漕"保明皇陵祖陵政策,高筑运河堤坝而形成南北走向的"悬河"后,"江北竟无一东出入海之干川,而仅有一南下入江之运道"。③ 淮河流域多数支流的东去河道因此被阻断破坏,排泄困难,内涝严重④。"人知黄河横亘,南北使吴、楚一线之漕莫能达,而不知运河横亘,东西使山东、河北之水无所归。"⑤直至20世纪五六十年代采用现代技术治理淮河以及黄河回归"中道"入渤海,才得以根本改变。

隋炀帝修永济渠,成为沟通沁水到涿郡的人工水道,不仅截断衡、漳、恒、卫等天然河道,海河水系同样有多数支流东去,河道被人为严重阻隔破坏。最终造成上述河流排泄困难,导致运河西雨季内涝严重而运河东盐碱化严重等负面作用。⑥ 据不完全统计,1368年到1990年的600多年间,海河流域发生过298次严重水灾⑦,天津市被淹70多次。直到20世纪60年代根治海河时独流等19条减河开挖,才基本解决了因河道入海受阻隔而内涝等弊病。

---

① 徐光启:《漕河议》,载陈子龙等辑:《明经世文编》卷491,北京:中华书局,1962年,第5425—5426页。
② 邹逸麟:《从地理环境角度考察我国运河的历史作用》,《中国史研究》1982年第3期。邹逸麟:《历史上的黄运关系》,《光明日报》2009年2月10日。
③ 武同举:《江苏江北水道说》,《两轩賸语》,北京:国家图书馆藏民国十六年复印本,第4页。
④ 邹逸麟:《从生态文明角度看大运河的负面影响》,《中国社会科学报》2014年2月4日。
⑤ 魏源:《魏源集》上册,北京:中华书局,2018年,第415页。
⑥ 杨持白:《海河流域解放前250年间特大洪涝史料分析》,《水利学报》1965年第3期。
⑦ 刘宏:《海河流域六百年来水灾频发的警示》,《中国减灾》2007年第12期。

徐光启云:"夫漕者,天下之大利大害也。中都之中,自上供以至百官十二军,仰给万里之外,岁转输数十百万,不胫而驰,岂不为利?然而,漕能使国贫,漕能使水费,漕能使河坏。"[①]因贡纳体制等时代局限,中古大运河前七百年利大于弊,后五百年弊大于利。元代海运未成之前,其利大于弊。元海运已成及大航海时代到来之际,统治者废止海运而一味固守河运,滥用百姓徭役,漕粮、耗米、造船、官吏侵蚀等成本代价甚巨,损害黄河、淮河和海河流域生态环境等负面影响凸显,自然弊大于利。这也是明中叶以后丘濬、王夫之、徐光启、阮元等人批评日多的缘由。

---

① 徐光启:《漕河议》,载《明经世文编》卷491,北京:中华书局,1962年,第5425页。

从近代中日图书馆的图书分类看中国古典学的课题与可能

河野贵美子(Kimiko Kono)

(早稻田大学文学学术院教授)

图书分类的历史是学术文化体系的变迁及其框架的反映。近代中日图书馆的图书分类能够折射出中国和日本学界在"近代化"进程中的体系变革及其古典学所面临的问题。本文将以日本帝国图书馆以及中国燕京大学图书馆、北京人文科学研究所等采用的图书分类目录为调查对象,对中日近代图书馆古典学构筑的意图进行考察,并试图通过对相关问题的分析、探讨,从世界文明史的视角对今后的中国古典学乃至东亚古典学的机能与位置进行展望。

一、近代日本图书分类中的"文学""小说"[①]

明治五年(1872),作为现在的国立国会图书馆前身的书籍馆设立,明治十三年(1880)改称为东京图书馆。该馆在明治十六年(1883)刊行了《东京图书馆和汉书分类目录》。这份目录把所收图书分为"和书门"和"汉书门"两大类,又在《凡例》中说明该目录只收录明治以前的旧书,而有关西方学术的著作和译本则收在"新书目录"中,该目录不录。它的具体分类如下:

和书:神书,国史,杂史,传记附系谱,政书,记录,武家附兵法,儒书附

---

① 参见河野贵美子《日中近代の图书分类からみる"文学""小说"》,小峯和明监修、金英顺编《日本文学の展望を拓く 第一卷 东アジアの文化圈》,笠间书院,2017年,第196—209页。

教训、子解、医书、释书、农书附物产、土木、天文附算法、卜筮、地理附纪行、和歌、和文、诗文、文墨金石、音乐游技、字书、类书附丛书、目录、小说、杂书

汉书：经书、正史、杂史、传记、政书、儒家、兵家、医家、释家附道书、农家、诸子、天文附算法、占纬、地理、诗赋、文章、艺术、字书、类书附丛书、目录、小说、杂书

在上述分类中，汉书的分类基本上依据中国传统的四部分类，和书的分类也大部分与汉书一致，只是为了适应日本的国情附加了一些新的类别，例如把"经书"变为"神书"，新设"和歌""和文"等。在这样的分类中，"小说"的位置尤其值得关注。在中国传统的四部分类中，"小说"原是子部中的小类。因此，若是就以往的分类顺序而言，"小说"应该排在"天文"类前后。然而实际上，该目录中的"小说"却排在卷末的"类书附丛书、目录"与"杂书"之间。近代以来出现了各种超出旧有"小说"概念范畴的新作品。目录的编者可能正是基于这样的现实，在传统的子部之外，在收录各种"难以录于其他类目著作"（《东京图书馆和汉书分类目录》）的"杂书"之前，重新设立了可以涵盖这些新作品的"小说"类别。

针对汉书中的"小说"一类，《东京图书馆和汉书分类目录》作出了如下说明：此类收录的是异闻琐记、演义传奇类作品，例如《山海经》《水浒传》等。与此相对，和书中的"小说"类则只列举了《古事谈》《新编水浒画传》等书名。《古事谈》是笔记小说、随笔札记一类的作品。这样的作品在日本现在的文学史中被称为"说话"，而同样被看作"说话"的《今昔物语集》等著作在该目录中却被录于"和文"而非"小说"之中。由此我们可以看出，有关日本著作中哪些是"小说"、哪些是"物语"这一问题，目录史上的处理比较暧昧，并没有定论。

明治二十二年（1889）东京图书馆刊行了《东京图书馆增加书目录第一编和汉书之部》（以下简称为《增加书目录》）。《增加书目录》在《凡例》中说明："本目录主要收录了明治以后的著作和译作，其中很多是有关西方学问的著作。"这些著作不分和书和汉书，由同一标准进行分类。同时《凡例》还表明："目录的编纂以西方书目的体例为主，同时也折衷采用了和汉的旧例。"具体而言，《增加书目录》采用的是以下八门分类：

第一门 神书及宗教；第二门 哲学及教育；第三门 文学及语学；第四门 历史传记及地理纪行；第五门 法政社会及统计；第六门 数学理学及医学；第七门 工学兵事艺术及产业；第八门 类书丛书杂书杂志新闻纸。

此外，《凡例》中的以下记载尤其值得注意：

> 汉书分类的体例不依据四库总目，而以方便行事。例如把经书诸子划为哲学类，把《蒙求》划为传记类等。

至此，汉书原有的四部分类被拆解、重组为新的体系。在这一新体系中，"小说"是第三门文学中的小类①，终于成为"文学"②的一员。举例而言，在该目录中，《剪灯新话》和《八十天环游地球》等作品一起被著录于"外国小说"的分类中。这样的处理可以说是打破了中国的传统分类③。

明治三十年（1897），东京图书馆改称帝国图书馆。该馆从明治三十三年（1900）至明治四十年（1907）刊行了《增订帝国图书馆和汉图书分类目录》。这份目录沿用了《增加书目录》的八门分类，其中的《文学、语学之部》刊行于明治四十年（1907）。该目录的《凡例》说道："文学分为总记、日本文学、中国文学、欧美文学、小说、演说及论说、书目六类。"在这份目录中，"小说"终于获得了作为构筑"文学"的大类之一的地位，在目录中所占的篇幅也最多④。其内容被进一步分为："一 总记；二 物语；三 御伽草子；四 浮世草子；五 洒落本；六 草双纸；七 读本；八 实录体小说；九 人情本；十 滑稽本；十一 噺本；十二 寓意类；十三 讽刺类；十四 近体小说；十五 翻译小说；十六 中国小说。"其中，"十六 中国小说"又被细分为"ア 总记；イ 情史及演义；ウ 巷谈异闻琐语神仙谈；エ 笑语；オ 汉文小说"。《搜神记》和《冥祥记》等作品被划分到"ウ 巷谈异闻琐语神仙谈"中，而《游仙窟》则被分到"イ 情史及演义"中。

---

① "文学"下小类分别为：一 总记；二 诗文合集；三 汉文集；四 和文集；五 作文书；六 诗集；七 歌集；八 诗学；九 论说及演说；十 小说；十一 书目。
② 谷川惠一指出，"文学"分类最早出现在明治十三年（1880）刊行的《东京图书馆藏书分类表》中的"新书及洋书门"第七部（其下位分类中有"小说俳谐"）。参见《ジャンルの翻訳》。
③ 明高儒撰《百川书志》，将《剪灯新话》著录于"史志·小史"中。
④ "文学"目录共408页，其下六个子类中"小说"篇幅最多，占142页。

"小说"原本只是"巷谈巷语"(《汉书·艺文志》),然而这分目录却将它定位为"文学"之中最主要的角色。这可以说是很大的飞跃。但实际上,中国的"小说"也包括杂传、随笔札记、演义、白话小说等各种各样的作品,其框架和概念随时变化,并在不断地扩大。在中国自己的近代图书目录诞生之前,日本帝国图书馆的图书分类目录使得中国的图书分类以及学术文化体系、概念发生了极大的转变。在日本流传的中国"小说"的"发现"也给中国学术界带来了不小的冲击。

二、20 世纪初期中国的图书馆学与日本

在日本图书馆协会(1908 年成立)编纂的《图书馆小识》(1915 年刊)中,《增订帝国图书馆和汉图书分类目录》被描述为"目前在我国的多数图书馆被当作模范性目录"。距《图书馆小识》刊行仅仅两年的 1917 年,该书在中国由通俗教育研究会编译出版(《图书馆小识》),又在 1918 年出版了顾实编译的版本(《图书馆指南》)①。

近代中国早期图书分类的代表是杜定友的《世界图书分类法》(1925 年)②。这一方法是以美国的杜威十进分类法(DDC,1876 年发表)为基础设计的。杜定友认为,日本的图书分类法中最为详细的就是帝国图书馆的分类,并指出:

> 日本与我国,素称同种同文。其哲学文学,多自我国流传而去。所有图书,亦多与我国相同。故吾人亦可参考其图书分类法,以应我改良之用。(《图书分类法》)

1925 年中国中华图书馆协会成立大会上,梁启超作了这样的致辞:

> 我们很相信中国将来的图书馆事业也要和美国走同一的路径才能发挥图书馆的最大功用。……但中国书籍的历史甚长,书籍的性质极复杂,和近世欧美书籍有许多不相同之点。……从事整理的人,须要对于中国的目录学(广义的)和现代的图书馆学都有充分智识,且能神明变化之,庶几有

---

① 参见王余光、范凡编《清末民国图书馆史料续编》第一册、第二册,北京:国家图书馆出版社,2016 年。

② 1922 年以《世界图书分类法》为题发表。1925 年改称《图书分类法》,由上海图书馆协会出版。

功。这种学问,非经许多专门家继续的研究不可,研究的结果,一定能在图书馆学里头成为一独立学科无疑,所以我们可以叫他做"中国的图书馆学"。①

当时,中国为了建设新时代的图书馆,积极地吸收海外经验,努力构筑适合中国的图书馆学。在这一过程中,日本先行的近代图书馆建设受到了格外的关注。此外,留存于日本的中国"小说"《游仙窟》也对中国学者的"文学",特别是"小说"分类意识产生了影响。在这样的影响下,一些学者试图进一步推进全新的目录分类与学术体系的构筑。

不过,需要注意的是,尽管以郑振铎为代表的学者们试图开拓新的"文学"体系②,但是在1933年刊行的《北平图书馆善本书目》中,《游仙窟》仍然被著录于"子部·小说类"之中。具有悠久历史传统的中国古籍体系,不是那么简单地就能与近代图书体系相融的。坚持以往以四部分类为基础的学术框架,古今两种图书体系并存的状况持续至今。下文将聚焦于20世纪前期在北京设立的燕京大学图书馆与北京人文科学研究所图书馆,对其图书分类法进行考察。

三、燕京大学图书馆的图书分类

1928年哈佛燕京学社成立以后,燕京大学图书馆展开了独立的图书馆建设③。燕京大学的学术重点是以"国学(中国学)"为主的人文学,除此之外,对新出现的"社会科学"和"自然科学"等领域也有所吸收。1931年燕大图书馆与哈佛大学图书馆共同制定了"中文图书分类法"。《燕京大学图书馆概况》(田洪都1933年序)一书介绍了燕京大学图书馆的创办原委和其时的具体情况,其中的《分类》部分有如下记载:

---

① 梁启超《中华图书馆协会成立会演说辞》,收载于《中华图书馆协会会报》1-1,1925年。
② 郑振铎《研究中国文学的新途径》,《小说月报》17卷号外,1927年。
③ 关于燕京大学及其图书馆的沿革,参见张玮瑛、王百强、钱辛波主编《燕京大学史稿(1919—1952)》,北京:人民中国出版社,1999年;燕京大学北京校友会编《燕京大学建校80周年纪念历史影集(1919—1999)》,北京:人民中国出版社,1999年;河野贵美子《中国の近代大学図書館の形成と知の体系——燕京大学図書館を例として》,甚野尚志、河野贵美子、陣野英則編《近代人文学はいかに形成されたか——学知、翻訳、蔵書》,勉誠出版,2019年,第330-356页等。

中国所有分类法，前以四库，较为完备。今则图籍之多，几如恒河沙数，决非四库分类法，所能包括。欧美之图书分类法，例如美国国会图书馆分类法、杜威十进分类法等，虽尚称完备，然以之处置中国书籍，亦未尽善。遂不得不于一图书馆内，采用中西两种之分类法。

在本馆开始搜罗中文书籍时，国内尚无一适用之中文书籍分类法。遂将杜威十进分类法内不常用而便于伸缩之类，改为中国书籍之用，以应急需。自哈佛燕京学社成立后，为谋哈佛及燕京两校图书馆之中文书籍分类统一起见，遂于一九三〇年采用裘开明君所编之中文书籍分类法。

以下即是该分类法的具体内容：

《燕京哈佛大学图书馆中文图书分类法》分类总目[①]

100—999　　经学类

1000—1999　　哲学宗教类

2000—3999　　史地类

4000—4999　　社会科学类

5000—5999　　语言文学类

6000—6999　　美术类

7000—7999　　自然科学类

8000—8999　　农林工艺类

9000—9999　　丛书目录类

此分类法在保留以经书为首的原四部分类面貌的同时，纳入了社会科学、自然科学等新的领域和概念。《燕京大学图书馆报》第48期刊载了裘开明针对该分类法所写的《凡例》，明确地说明了"本分类法以中法为经，西法为纬"。

那么《燕京哈佛大学图书馆中文图书分类法》对"文学""小说"又是如何处理的呢？裘开明的《凡例》对"小说"有如下说明："小说家或入文学中之小说或入总记中之杂著，视其内容酌定。""语言文学类"下的小类如下：

[①]　载于《燕京大学图书馆报》第49期，1933年4月30日。

5000—5059　比较语言文学

5060—5099　报学

5100—5199　中国语言

5200—5799　中国文学

　　5220—5239　总类

　　5235—5240　总集（诸体文）

　　5241—5559　别集（诸体文）

　　　　　　　各体文细分

　　5560—5570　诗

　　5571—5650　词曲

　　5651—5730　戏剧

　　5731—5760　小说

　　5761—5799　散文、杂体文

　　5796—5799　儿童文学

5800—5849　日本语言文学

5850—5969　日本文学

5970—5989　高丽及其他亚洲各国语言文学

5990—5999　欧洲语言文学

《燕京大学图书馆报》每期都会刊载"新编中日文书目录"。在这些目录中，《山海经》《世说新语》《游仙窟》和《太平广记》等书被著录于"小说"类之中[①]。在以往的正史目录中，《世说新语》和《太平广记》被著录于子部·小说家[②]，《山海经》在《隋书·经籍志》中被著录于史部·地理，《四库全书》则将之收于子部·小说家类。由此我们也能够认识到"小说"这一概念的定义变迁和复杂性。

[①] 参见《燕京大学图书馆报》第 27 期（1932 年 4 月 15 日）、第 29 期（1932 年 5 月 15 日）、第 37 期（1932 年 10 月 15 日）刊载的《中日新编中日文书目录》。

[②] 《世说新语》被著录于《隋书·经籍志》"子部·小说家"，《太平广记》被著录于《宋史·艺文志》"子类·小说类"。

《燕京大学图书馆报》第 32 期(1932 年 6 月 30 日)的"新编中日文书目录"的"文学杂著"小类中也能够看到一些如《酉阳杂俎》《稽神录》这样的"小说"。这些书在近代以前的目录中被著录于子部·小说家类①,而燕京大学图书馆则将之纳入了"文学杂著类",而非"(文学中的)小说"。②

上文提到,裘开明在《燕京哈佛大学图书馆中文图书分类法》的《凡例》中提到,一部分"小说"被纳入了"总记"的"杂著"之中。实际上,在《燕京大学图书馆报》刊载的《新编中日文书目录》中的"杂著"部分,我们确实能够发现一些"小说",如《博物志》《西京杂记》《辍耕录》等。《博物志》曾被著录于《旧唐书·经籍志》的"子部·小说家";《西京杂记》被收于《四库全书》的"子部·小说家类";《辍耕录》被录于《明史·艺文志》的"子类·小说家类"。同时,《博物志》也见于《隋书·经籍志》的"子部·杂家";《西京杂记》亦被著录于《旧唐书·经籍志》的"史部·故事类"和《新唐书·艺文志》的"史部·地理类"。由此可见,这些书在历代目录中的位置并不固定。此外,《封氏闻见记》一书在燕京大学图书馆《新编中日文书目录》"中国语言文学类"中的"杂文类"③和"丛书目录类"④中都有出现。这样的现象说明了在中国悠久的目录学史上,应该将此类"杂传"⑤或"笔记小说"看做"文学"还是"杂著"是一个难以解决的课题。

与此相关,日本文学研究中亦有一个独特的领域,那就是"说话文学"。"说话文学研究"的对象包括"神话""传说""故事""笔记""寺庙神社缘起"等各种带有口传性、教训性质的"传""记"类文本,中国历代的"小说"似乎也包括在内。在日本文学研究史上,"说话"这一概念的出现是近代以后的事,有关其定义的讨论至今仍在进行。尽管如此,这一词语的确是一个可以广泛地

---

① 比如《燕丹子》被著录于《隋书·经籍志》"子部·小说家",《酉阳杂俎》被著录于《新唐书·艺文志》"丙部子录·小说家类",《稽神录》被著录于《宋史·艺文志》"子类·小说类",《癸辛杂识》收载于《四库全书》"子部·小说家类"。
② 参见《燕京大学图书馆报》第 36 期(1932 年 9 月 30 日)、第 55 期(1933 年 9 月 16 日)、第 82 期(1935 年 10 月 1 日)、第 97 期(1936 年 10 月 1 日)刊载的《新编中日文书目录》。
③ 《燕京大学图书馆报》第 64、65 期(1934 年 4 月 15 日)。
④ 《燕京大学图书馆报》第 47 期(1933 年 3 月 30 日)。
⑤ 《封氏闻见记》著录于《新唐书·艺文志》"乙部史录杂传记类"。

概括各类"文"的有效概念,不知是否可以在中国得到应用。究竟应当用怎样的"术语"来继承和发展当下与未来东亚汉字汉文文化圈的文化,这是开创理想未来的第一步,也是我们东亚学者需要通过共同讨论、互相学习来解决的课题。

四、北京人文科学研究所藏"小说"与中国古典学

20世纪初,北京人文科学研究所成立。这是日本政府在抗日战争时期(1937年至1945年)作为"东方文化事业"设立的一个研究机构①。该研究所的重要目标是续修四库全书提要的编纂。为了达成这一目的,该研究所收藏了很多古籍,并开展了中国古典学的研究。

我们可以通过小竹武夫(1905—1982)编纂的《北京人文科学研究所藏书目录》(1938年,以下简称为《目录》)、《北京人文科学研究所藏书续目》(1939年,以下简称为《续目》)等目录来了解其时的具体藏书情况。《目录》与《续目》的分类在中国传统的四部分类的基础上加上了丛书部和方志部。具体如下:

经部:易类、书类、诗类、礼类、乐类、春秋类、四书类、孝经类、小学类、经总类

史部:正史类、编年类、纪事本末类、别史类、史钞类、史表类、载记类、外国史类、传记类、地理类、时令类、诏令奏议类、职官类、政书类、目录类、金石类、史评类、史料类

子部:儒家类、兵家类、法家类、农家类、医家类、天文算法类、术数类、艺术类、释家类、道家类、杂家类、说丛类、谱录类、类书类

集部:楚辞类、别集类、总集类、词曲类、小说类、集评类

丛书部:类丛类、杂丛类、郡邑类、族望类、专著类

---

① 关于北京人文科学研究所和东方文化事业总委员会,参见《东方文化事业总委员会并北京人文科学研究所の概况》,1935年;阿部洋《"对支文化事业"の研究——战前期日中教育文化交流の展开と挫折》,汲古书院,2004年;高田时雄编《民国期の学术界》,临川书店,2016年;小黑浩司《图书馆をめぐる日中の近代 友好と对立のはざまで》,青弓社,2016年;拙稿《北京人文科学研究所の藏书から考える"投企する古典性"》,载于荒木浩编《古典の未来学——Projecting Classicism》,文学通信,2020年,第275—300页、《北京人文科学研究所における藏书形成と中国古典学》,载于《日本中国学会报》74,2022年10月,第205—220页等。

方志部：河北、山东、河南、山西、陕西、甘肃、江苏、浙江、安徽、江西、湖北、湖南、四川、福建、广东、广西、云南、贵州、察哈尔、绥远、宁夏、青海、西康、新疆、西藏、蒙古、乡土志、乡镇志、志部丛书、附录一 满洲帝国、附录二 台湾

北京人文科学研究所的藏书虽以古籍为主，也有很多近代的学术专著。以上分类方法在收录新时代著作的同时，保持着传统四部分类法的框架。对此，书志学者长泽规矩也（1902—1980）如此评价：

> 该目录分类法基于四库，又加以增订，与从前的分类相比更加详细。不过只有经部有"经总类"，其他三部没有"总类"。我肯定统合史部的做法，关于史部的别史，则一直主张要省略。目录类和金石类太详细。把小说与说丛分开，这是对的，然而为何不与杂家合并？构筑如此详密分类的编纂者小竹先生应该很是努力。丛书和方志各为别册。①

北京人文科学研究所的图书分类把"小说类"放在"集部"中，这是日本图书分类中的新做法。不过，《目录》和《续目》所录图书共有 14,955 部之多②，但是"小说类"只有 10 部。

《目录》小说类
  一 讲史《古本宣和遗事》《三国志演义》
  二 小说《唐三藏取经诗话》《清平山堂话本》《金瓶梅词话》《西湖佳话》《海刚峰先生居官公案传》《水浒传》
《续目》小说类
  二 小说《品花宝鉴》《黑奴籲天录》③

以上都是宋代以后的通俗小说及美国小说的译本。与此相对，《目录》和《续目》把"说丛类"又细分为九小类：一 杂事；二 别传；三 雅寄；四 间情；五 异

---

① 长泽规矩也《北京人文科学研究所藏书目录》，载于《书志学》11－6，1938 年 12 月，第 31 页。
② 参见河野贵美子《北京人文科学研究所における藏书形成と中国古典学》，第 214 页。
③ 《黑奴籲天录》是美国斯土活（斯托）（Harriet Elizabeth Beecher Stowe）所撰的小说。《续目》著录的是林纾、魏易同译，光绪三十年刊本。

闻；六 琐语；七 谐文；八 隐语；九 丛钞。"一 杂事"中著录有《世说新语》《辍耕录》等；"五 异闻"中著录有《山海经》《博物志》《酉阳杂俎》等；"九 丛钞"中著录有《太平广记》之类的著作。由此可知，《目录》和《续目》对中国古小说和宋代以后的通俗小说进行了区分，把古小说类一律不看作文学，置于（原来的）子部中。这样的判断也有道理。

除此之外，《目录》中的"子部·杂家类"同样值得注意。其具体分类如下：

一 杂学（一 名家、二 墨家、三 纵横家、四 杂家、五 诸宗教、六 西学杂）
二 杂考
三 杂说
四 杂述
五 杂纂（一 摘粹、二 应试、三 训蒙、四 劝戒、五 善举、六 谈助、七 杂）
六 杂志（一 期刊、二 论文集）

以上类别中的"四 杂述"录有《封氏闻见记》《齐东野语》等笔记小说。由此可知，《目录》将原来的"小说"和"杂传"归入"说丛类"，而把"笔记"划入"杂家"类之中。这样的处理也体现了目录分类中中国各种"小说"类文本的定位困难和《目录》独特的方法。当然，这种方法不一定是"对"的，但我们可以结合此类经验重新思考应该如何把握东亚汉字汉文文化圈的学术体系。

关于汉籍分类中"小说"的问题，长泽规矩也在《汉籍集部分类表》[①]这篇文章中说，"因为子部小说家类文本很难区分，所以大部分都被放在杂家之中"，可以"把戏曲小说类作为集部的附录"。此外他还说，"中国的学问在根本上与西方的学问不同，所以当然很难使用西方的分类法"，"因而还是决定采用四库分类法"。

其实，在设立北京人文科学研究所时召开的东方文化事业总委员会第一次总会上，狩野直喜也说过："中国学问中的哲学、道德、宗教、历史及文学彼此互相关联，形成了一个浑然一体的独特文化。因此利用现代欧美的科学分类法来

---

① 长泽规矩也《汉籍集部分类表》，1939年，载于《长泽规矩也著作集》第七卷，汲古书院，1987年，第464—469页。

对此进行分类是非常困难的。"① 如何连接中国传统的学术框架与现代欧美的学术体系,这无疑是我们今日也要持续研究的课题。

战后,曾任东方文化事业总委员会署理的桥川时雄(1894—1982)回国,在京都女子大学等学校教书时,作了题为"文史学"的讲座。他说:

> 中国的人文原理不管是内在还是外在都极为多彩,然而有一点是肯定的,那不是复杂,而是错综。这种错综主要由"文"和"史"两条彩色丝线构成。在中国的历史文化中,有关"文"的事象与有关"史"的事象在同一画面中组合出现。……二者虽有别却呈现出同样的面貌,因此应当强调文史的不一不二性。②

以上资料体现了北京人文科学研究所中国古典学学者的问题意识所在。这些思考很有可能成为开拓未来学术新方向的契机。

在近代以来的新学术"传统"中,应当对中国古典学进行怎样的定位?今后的图书分类应该维持双标准(中国古籍的四部分类和其他书籍的分类)?还是应该统一?今后的学术体系应当如何构建?古典学的现代性意义在哪里?随着时代的变化,对这些问题的解答可能也会发生改变。然而当我们思考如何从中国古典学的立场提出具有开拓性的意见时,不管是从正面还是负面,北京人文科学研究所的研究活动都能留给我们不少启示。该研究所的学术活动在半途中落下帷幕。我们应该如何对此作出评价?又能从中学习到什么?笔者将持续关注这些遗留的课题。

(附记:此中文稿的语言表达由北京师范大学乐曲讲师帮助修改。谨致谢忱。)

---

① 参见《总委员会关系杂件 总委员会总会关系第一卷》《第一回总会大正十四年十月 分割2》,国立公文书馆アジア歴史資料センターデータベース等。
② 桥川时雄《中国文史学概论》自序,1948年油印版,第13页。

"门罗主义"两百年:空间政治思维方式的变与不变

章永乐

(北京大学区域与国别研究院副院长)

2023年12月2日,全球迎来美国"门罗主义"诞生两百周年。两个世纪以前,詹姆斯·门罗(James Monroe)总统向美国国会发表国情咨文,提出了一系列后来被称为"门罗主义"(Monroe Doctrine)的外交政策,并在后续的发展中获得了一个标志性口号"美洲是美洲人的美洲"(America for the Americans)。在这两百年中,"门罗主义"在美国国内的解释经历了巨大的演变,同时也传播到全球主要区域,与当地的空间政治相结合。"美洲是美洲人的美洲"这一口号在不同的区域,激发了"欧洲是欧洲人的欧洲""东亚是东亚人的东亚""非洲是非洲人的非洲"等不同变体。

两百年的"门罗主义"史,可谓一部惊心动魄的美国霸权成长史,一部新旧殖民主义的实践史,也是一部霸权主义话语与思维方式的传播史。美国运用"门罗主义"话语,首先向西部扩展自己的边疆,不断驱赶和消灭印第安人,这是对英帝国实践的以土地占领为特征的旧殖民主义的继续推进;美国同时也综合运用军事与经济力量,向拉丁美洲扩展自己的势力范围,在19世纪晚期成长为西半球的区域霸权,进而越出西半球,在"国家间"(inter-state)与跨国(transnational)两个层面推进全球霸权的建设,发展了一种并不基于领土占领的新殖民主义。美国在西半球的区域霸权引发了德国与日本的强烈羡慕,二者积极模仿美国的"门罗主义"话语,以推进自身的区域霸权建设,同时对抗美国对于其霸权建设进程的干预。其他区域霸权对于"门罗主义"的运用,加速了"门罗主义"话语及其思维方式的全球传播。本文主张,对"门罗主义"的讨论,绝不能仅仅局限于美国与拉丁美洲及加勒比地区,而需要进一步探讨"门罗主义"所体现的思维方式,究竟在多大程度上影响和塑造了全球秩序及其他区域的秩序。

一、"门罗主义":从诞生到全球霸权原则

1823 年,詹姆斯·门罗总统向美国国会发表国情咨文,反对欧洲列强在美洲建立新的殖民地,反对欧洲列强干涉已独立的美洲国家,同时声明美国不干涉欧洲事务。这些主张是对当时的神圣同盟(Holy Alliance)干预拉丁美洲革命的筹划的回应,因而具有捍卫美洲"新大陆"的共和政治原则的意涵。然而,美国在发布这一政策时,拒绝了与英国联合发布的提议,则具有更深刻的意涵。当时的国务卿约翰·昆西·亚当斯(John Quincy Adams)已经把美国的西部扩张也纳入了考虑,担心如果和英国一起回应"神圣同盟",美国将来扩张时可能会受制于英国,无法排除其干涉。而另一个因素是,美国虽然在 1807 年通过了《禁止奴隶进口法案》,但许多美国精英以古巴为中转站走私黑奴,而大英帝国的海军却在大西洋上游弋,打击黑奴贸易船。对于当时许多美国决策精英而言,英国是与"神圣同盟"同样危险甚至更为危险的敌人,这种深刻的疏离感与敌意阻碍了美国精英与英国发布联合声明。①

门罗总统宣布的政策后来被追溯性地命名为"门罗主义"。这一主张的关键在于划出"美洲"或"西半球"这一空间,认定这一空间中正在上升的新政治原则优于旧大陆的旧政治原则,并将包括英国在内的旧大陆列强视为异质力量。就此而言,它处理的是"国家间"(inter-state)层面的冲突;但在美国崛起之后,"门罗主义"又成为一个为美国资本扩张"保驾护航"的原则,因而进入到"跨国"

---

① Stephen Chambers, *No God But Gain: The Untold Story of Cuban Slavery, the Monroe Doctrine, and the Making of the United States*, London: Verso, 2017.

(transnational)层面。

1823年的美国尚未获得区域霸权地位,并没有强大的海军力量来拒斥欧洲列强对美洲的殖民与干涉。以波尔克(James Polk)总统为代表的美国执政精英首先在得克萨斯独立与美墨战争的过程中诉诸"门罗主义",主张美洲大陆上如果有人民愿意加入美国,欧洲列强不得干涉,这是以"门罗主义"的名义,为美国的领土扩张大开方便之门。① 从今天的美国版图看来,美国利用"门罗主义",处理的是一个"国内"秩序建构的问题。如果在考察美国的"西进运动"之时,考虑印第安人与美国白人殖民者之间的对抗关系,那么这个"西进"的过程,也完全可以视为关注土地占领的"旧殖民主义"的展开。

威慑墨西哥是美国建构区域霸权的第一步。美国内战之后,美国出兵墨西哥,推翻法国扶植的墨西哥皇帝,恢复共和制度,可以说在一定程度上兑现了"门罗主义"的主张,但与此同时更彻底地将墨西哥变成了自身的附庸。经历过内战之后的快速工业化,美国不断向拉丁美洲国家输出商品与资本,建构美洲霸权的自觉逐渐呈现,如1890年召集泛美会议,在1895年英国与委内瑞拉的领土争端中对英国施加压力,最终迫使忙于应对德国挑战的英国接受仲裁解决方案,在事实上承认美国在美洲的霸权。

西奥多·罗斯福总统在1903年提出"门罗主义"的"罗斯福推论"(Roosevelt Corollary),借口拉丁美洲国家文明程度不够,容易招致欧洲列强干预,因而以拒斥欧洲列强的名义,主张美国可以在西半球行使国际警察权力。② 至此,"门罗主义"彻底变成了一个区域霸权的原则。

1893年,美国历史学家弗里德里克·特纳(Frederick Turner)在美国历史协会年会发表演讲,论证美国作为一个民族,并非移民的欧洲祖籍地身份的延续,而是移民在不断向西扩展的边疆之中经过重新锻造的结果。边疆使得移民远离自己的祖籍地,远离大西洋,获得了新的民族特征。特纳同时感叹,随着美

---

① 王绳祖:《国际关系史资料选编》(上,第一分册),武汉:武汉大学出版社,1983年,第68—69页。
② 王绳祖、何春超、吴世民:《国际关系史资料选编:17世纪中叶—1945》,北京:法律出版社,1988年,第316页。

国西进运动的完成,边疆正在消逝。①不过,新的边疆视野已经出现。在1890年出版的《海权对历史的影响:1660—1783》一书中,美国海军学院教授马汉(Alfred Thayer Mahan)鼓吹建设强大海军,夺取制海权,保护美国的贸易扩张。②美国的海军建设很快取得成果,于1898年赢得美西战争,在亚洲占据菲律宾,进而在中国提出"门户开放"政策,为美国资本在中国的扩张保驾护航。美国在美洲之外的领土扩张究竟是否违反"门罗主义",成为美国政治精英争讼不已的话题。西奥多·罗斯福本人在1901年将"门户开放"与美国在南美各国实施的"门罗主义"相类比,认为"门罗主义"相当于美国在南美推行的"门户开放"。③而伍德罗·威尔逊总统在1917年的一个演讲中,重新解释了"门罗主义",将它解释为"任何国家都不应将其政治体制扩展到其他国家或民族,而且每一民族都有自由决定自己的政治体制,有不受阻碍、不受威胁、不必恐惧地决定自己的发展道路的自由,无论是小国还是大国和强国"。④这一演讲在事实上取消了"门罗主义"传统上的"西半球"空间限制,使得美国可以干涉"旧大陆"事务。当时有中国的评论者称威尔逊提出了"天下之门罗主义"。⑤

然而,美国真的是将"美洲是美洲人的美洲"推广为"天下是天下人的天下"吗?早在1903年,梁启超就预感到未来的"门罗主义"发展方向是"世界者美国人之世界"。⑥只是美国偏重于资本扩张而非领土扩张的帝国建构路径,使其扩张具有比较强的隐蔽性。一战之后,伍德罗·威尔逊深度介入欧亚事务,推动战败国境内一系列民族独立建国或复国,并推动了国际联盟的建立。这些都体

---

① 特纳:《边疆在美国历史上的重要性》,张世明,王济东,牛毗毗,主编:《空间、法律与学术话语:西方边疆理论经典文献》,哈尔滨:黑龙江教育出版社,2014年,第57—93页。
② 马汉:《海权对历史的影响:1660—1783》,安常容,成忠勤,译,北京:中国人民解放军出版社,2006年。
③ Donald J. Davidson, *The Wisdom of Theodore Roosevelt*, New York: Citadel Press, 2003, pp. 50—51.
④ President Woodrow Wilson, "Peace without Victory" Speech, January 22, 1917. 64th Cong., 23 Sess., Senate Document No. 685: "A League for Peace."
⑤ 《战后之门罗主义(美国公法学教习威尔逊氏演说文)续》,《新闻报》1918年3月9日。
⑥ 梁启超:《新大陆游记节录》,载《梁启超全集》,北京:北京出版社,1999年,第1155页。

现了美国超越区域霸权、走向全球霸权的雄心。但是,威尔逊的努力遭到了那些恐惧美国会被旧大陆列强反向控制的共和党精英的反弹。1920年民主党总统选举失利,后续的共和党政府朝着19世纪的孤立主义立场后退了半步,直至富兰克林·罗斯福政府上台。通过参与第二次世界大战,罗斯福在美国国内巩固了建构全球霸权的精英共识,美国全面介入欧亚大陆事务,在欧洲建构了北约体系,在东亚借助日韩建构了一个安全同盟体系,并通过"马歇尔计划"以及对日韩的工业扶持,建构起美元的霸权地位。

通过两次世界大战走向全球霸权的美国抛弃了"门罗主义"吗?并非如此。威尔逊式的"门罗主义"恰恰认为,通过美国的努力,原本在美洲或西半球空间中得以保存的共和民主政治原则被推广到了全球,现在全世界都应该是美洲的样子。美洲是美国"大出于天下"之前经营的根据地,美国试图在欧亚大陆推行的限制战争、推广仲裁与集体安全机制的主张,都是它在美洲空间尝试推广或部分实施的主张。事实上,即便在西半球,威尔逊也是干涉主义的积极推行者。他在总统任内数次发动对拉美的军事干预:1915年入侵并控制海地内政、1916年对墨西哥的"潘兴远征"(Pershing's Expedition)、1916年军事占领多米尼加。既然全世界都应该是美洲的样子,那么美国也就能够在"旧大陆"实施它在美洲的干涉主义。

威尔逊式的干涉主义在修辞上不会赤裸裸地主张美国的利益,而是打着这样的旗号:相关国家及其民众的自主性受到了外部势力或作为外部势力代理人的某些内部势力的威胁,需要美国帮助,来恢复其自主性。这种威尔逊式的为他人"自主性"代言的逻辑,比西奥多·罗斯福赤裸裸的"文明等级论"更为精巧。前者可以在表面上尊重其他国家和民族的平等地位,但通过一种排除外部干涉、恢复他人"自主性"的话语逻辑,建立起对于其他国家与民族的霸权。这种对他人是否自主的判断权,也就给了美国无限的行动空间。而如果我们要对特纳的"边疆塑造美国"的理论"接着讲",威尔逊主义就是一个很好的例子:虽然北美大陆的"空地"已经被穷尽,但美国的"边疆"并没有消失,而是扩展到了美国之外。威尔逊对于"门罗主义"的解释,带来了一种"全球门罗主义",它可以将美国的"边疆"推到美国有意愿和能力达到的每一个地方,代言他人的自主性,"捍卫"各种不属于它自己的东西,从而获得它想获得的东西。虽然1921年共和党上台,使得"西半球"的空间限制思维在美国又有所抬头,但威尔逊的"全球门罗主义",已经为未来的美国全球霸权时代准备了必要的思想资源。

二、"国家间"层面的"门罗主义"话语冲突

自从一战以来,美国在欧亚大陆上的行动,使得欧亚两洲区域霸权的竞逐者产生了受挤压感。诉诸美国的"门罗主义",则成为它们常见的行动策略,由此一度形成"国家间"(inter-state)层面的"门罗主义"话语冲突。

早在1872年,日本外务省聘请曾任美国驻厦门领事的法裔美国人李仙得(Charles Le Gendre)为顾问,后者向日本执政精英传授了美国的"门罗主义"外交政策经验,鼓励日本以教化蛮邦的名义,在亚洲确立自己的势力范围。[①] 到了19世纪末,倡导"大亚洲主义"的日本政治精英明确地将自己主张的"亚洲主义"与美国的"门罗主义"话语结合起来,形成"亚洲门罗主义",寻求在东亚确立日本的势力范围,其话语中出现的常见要素是"黄种人与白种人终有一战"、日本应当领导黄种人将西方殖民者赶出亚洲等一系列主张。

美国总统西奥多·罗斯福为了借助日本来牵制欧洲列强,在1905年曾在日俄战争后的对日会谈中提出支持日本的"亚洲门罗主义"。日本的"亚洲门罗主义者"主张日本应当在中国享有美国在周边地区(如墨西哥与加勒比海地区)所享有的特殊权益,并在一战期间通过"二十一条",将部分主张变成现实。这与美国在华的"门户开放"政策日益冲突。美国在1917年11月2日签订的《蓝辛—石井协定》中承认日本"在中国享有特殊利益"。[②] 1919年伍德罗·威尔逊

[①] Sophia Su-fei Yen, *Taiwan in China's Foreign Relations, 1836—1874*, Hamden, CT: Shoe String Press, 1965, p.196.

[②] 王绳祖、何春超、吴世民:《国际关系史资料选编:17世纪中叶—1945》,北京:法律出版社,1988年,第447页;Ross A. Kennedy, *A Companion to Woodrow Wilson*, Malden, Oxford & Chichester: John Wiley & Sons, Ltd, 2015, p.234. 中文报章对于《蓝辛—石井协定》与"门罗主义"的讨论,参见屠汝涑:《"特殊利益"与日本之门罗主义》,《留美学生季报》1918年第2期,第155—160页。

争取到将美国在西半球的"门罗主义"政策写入国联盟约第 21 条①,也让一些日本精英认为该条也应当适用于日本在亚洲的势力范围。

然而,1922 年华盛顿会议签订的《九国公约》加强了列强对中国的共同支配,抑制了日本对中国的"特殊利益"追求。在 1931 年九一八事变后,日本在中国东北策划建立伪满洲国,引发了美国与国联的反对。在日本官方看来,国联盟约允许美国在美洲推行"门罗主义",却不允许日本在亚洲推行类似的做法,这完全是不平等的。最终,日本退出国联,更为旗帜鲜明地打出"亚洲门罗主义"旗号。日本全面否弃与英美的协调主义,进而将"亚洲门罗主义"发展为"大东亚共荣圈"这样一种全面的区域霸权理论。

在德国发生的故事也具有类似的基调。一战后协约国对德国的领土处置,引发了德国精英极大的不满。随着中东欧一系列新的民族国家诞生,大量原来的德国人变成其他国家的少数民族,并在这些国家的民族建构(nation building)过程中受到挤压,这进一步引发了德国精英的焦虑,"中欧"(Mitteleuropa)这一地缘政治概念的地位不断上升。20 世纪 30 年代纳粹党上台之后致力于在民族统一的旗号下进行地缘政治扩张。1939 年 3 月 4 日,外交部长里宾特洛甫引用了"门罗主义"的先例,称苏德瓜分波兰纯属德国与苏联自行决定的事务,美国无权干涉。②希特勒在 1939 年 4 月 28 日的国会演讲中引用了美国的"门罗主义",称德国人为了欧洲利益,特别是大德意志帝国的领土和利益,有权奉行类似的主义。③

德国公法学家卡尔·施米特基于美国在美洲的"门罗主义"实践,提出"大空间"(Großraum)理论,论证国际法应当从以主权国家为本位,走向以"大空

---

① 威尔逊在此试图将"门罗主义"界定为一种"区域谅解",但在参议院批准过程中遭遇了滑铁卢。如前所述,美国政府的官方表述是,"门罗主义"是美国政府的一项外交政策,既不是国际法原则,也不是"区域谅解"。

② Gopal Balakrishnan, *The Enemy: An Intellectual Portrait of Carl Schmitt*, London: Verso, 2000, p.236.

③ Adolf Hitler, Der Führer antwortet Roosevelt. Reichstagsrede vom 28. April 1939, *Zentralverlag der NSDAP*, F. Eher Nachfalger., München, 1939, p.51.

间"为本位,"大空间"中的主导国(Reich)将以其政治原则辐射整个大空间。①施米特区分源初的、具有真正的区域空间精神的"门罗主义"与突破区域空间、转向全球干涉主义的"门罗主义",认为美国最初在美洲奉行的"门罗主义"体现了"大空间"之间互不干涉的精神,但西奥多·罗斯福和伍德罗·威尔逊将"门罗主义"变成了一种扭曲的全球干涉主义。他主张德国应当学习前者的精神,打造自身的"大空间"秩序。他将1939年的《苏德边界和友好条约》视为"大空间"理论的重要案例。然而,德国吞并波兰之后启动"巴巴罗萨行动",继续进攻苏联,实际上越出了施米特所划定的"大空间"范围。施米特的"大空间"理论并没有获得纳粹党的青睐,但在二战时期的日本获得了重视,松下正寿等国际法学家借鉴施米特的"大空间"理论,大力构造为日本扩张辩护的"广域国际法"。②

面对德、日对"门罗主义"话语的运用,美国精英努力论证,德、日是"滥用"了"门罗主义"。富兰克林·罗斯福在拉丁美洲推行"睦邻政策"(good neighbor policy),改善与拉美各国的关系。与此同时,美国精英在话语上强调,德、日对于"门罗主义"的使用,并没有体现美式"门罗主义"倡导的那些价值观原则。美国与德、日围绕"门罗主义"话语的辩论,体现出对于何谓"门罗主义"核心要素的分歧。德、日精英主张"门罗主义"的实质是不同区域霸权之间互不干涉,但美国精英已经越出了区域空间的限制,主张"门罗主义"的核心要素是它所奉行的具有普遍性的价值观原则。

"国家间"层面的"门罗主义"话语冲突并未随着德、日在二战中的落败而终结。在21世纪北约东扩所造成的重大地缘政治冲突之中,我们同样可以看到区域霸权式的"门罗主义"话语与全球干涉主义的"门罗主义"话语这两种类型

---

① 章永乐:《此疆尔界:"门罗主义"与近代空间政治》,北京:生活·读书·新知三联书店,2021年,第106—159页。
② 国内相关研究,参见魏磊杰编:《国际法秩序:亚洲视野》,北京:当代世界出版社,2020年。

话语冲突的复归,而且美国的理论家与政治家对此有着明确的自觉。① 限于篇幅,本文对此不作展开。但正如马克·吐温(Mark Twain)所说,历史并不会重复自身,但会押韵。②我们正在亲历押韵的发生。

三、新式空间政治与"二十一世纪门罗主义"

当代世界正在进行的空间政治冲突,绝不仅仅体现在传统的地缘政治层面。我们当然可以看到物理性的领土空间之间的冲突,但有更多惊心动魄的冲突并非发生于"国家间"(inter-state)层面,而是发生在相互嵌入的"跨国"(transnational)——一个被用于描述商品、资本、信息、人员乃至于病毒跨境流动的秩序——层面。而这也为"门罗主义"思维与话语的运用,提供了新的场景。一种"二十一世纪门罗主义"已经出现。

在国际金融领域,围绕着美元霸权正在发生一系列激烈的斗争。美国主导的 SWIFT(环球同业银行金融电讯协会)与 CHIPS(纽约清算所银行同业支付系统)控制着最为重要的金融通信网络系统,早就已经是美国对他国金融与贸易活动建立"长臂管辖"的常用工具。在 2022 年的乌克兰危机中,美国及其盟友将俄罗斯的大量银行踢出了 SWIFT 系统,一些俄罗斯银行转向中国的 CIPS 系统,采用人民币进行国际贸易结算。而美国的一系列高官密集发声,以经济和金融制裁来威胁中国,要求中国配合美国的对俄制裁,甚至放弃实现国家完全统一的目标。在这一场景中,我们同样可以看到"安全"话语与"价值观"话语的同时出场。

在互联网空间中,美国也正在以"安全"话语和"价值观"话语来捍卫自身的霸权。少数美国跨国公司主导了全球网络空间,从各个国家不断收割其国民的

---

① Bernie Sanders,"We Must Do Everything Possible to Avoid an Enormously Destructive War in Ukraine,"February 8,2022,https://www.theguardian.com/commentisfree/2022/feb/08/we-must-do-everything-possible-avoid-enormously-destructive-war-ukraine,2023 年 12 月 3 日最后访问。Jason Chau & Andrew Wang,"I've Been Attacked… not with Facts and Logic,but Personally":John Mearsheimer on the War in Ukraine,January 12,2023,https://oxfordpoliticalreview.com/2023/01/12/ive-been-attacked-not-with-facts-and-logic-but-personally-john-mearsheimer-on-the-war-in-ukraine/,2023 年 12 月 3 日最后访问。

② Hugh Rawson,Margaret Miner eds.,*The Oxford Dictionary of American Quotations*,Oxford & New York:Oxford University Press,2006,p.316.

数据,其中有许多数据是相关国家的政府根本没有能力掌握的。随着网络战成为一种重要的战争形式,数据本身成为暴力的载体,其他国家政府在本国领土范围内对于合法暴力的垄断,其基础正在受到严重的削弱,跨国公司制造的"数字封建主义"(digital feudalism)①,将是世界上大多数政府难以克服的统治障碍。由于具有"平台优势",美国一直易于通过互联网宣传自己的主张,打压相反的声音,在网络平台上展开舆论战和认知战。

在产业分工和供应链层面,特朗普政府发动的"贸易战""科技战",连同新冠疫情已经极大地影响了世界各国对于全球供应链的信赖。拜登政府继承了对华"贸易战",同时进一步升级了对华"科技战"。而欧盟虽然在大力推进"技术主权",但在许多关键基础设施上又很难避免依赖美国的跨国巨头,最终的效果是在一些关键领域减少中国产品与技术的进口。同时,许多西方政客和NGO组织还以所谓"侵犯人权"情节为借口,为中国企业设置贸易壁垒,同时也给一系列西方企业施加压迫,迫使它们与中国市场"脱钩"。在这些场景中,我们同样可以看到"安全"话语和"价值观"话语的出场。

全球秩序"跨国"层面的蓬勃发展,是数个世纪积累的结果,但只有在后冷战时期,全球化才如此深入到非西方世界,甚至让西方精英产生了"权势转移"的警觉。"二十一世纪门罗主义"以"安全"话语和"价值观"话语,从美国核心利益出发,将全球秩序的"跨国"层面界定为一个同质性"空间",将各种削弱美国霸权的力量视为对于这一"空间"的威胁。当然,这个"空间"已经具有了很大的"虚拟"的性质。但对于美国来说,捍卫自身在这一层面的主导权是极其重要的,一旦对这一层面失去掌控,美国的金融霸权与科技霸权都将岌岌可危,而这会带来军事霸权的下降,美国的"价值观"话语也会随之失去全球吸引力。

在话语层面,"二十一世纪门罗主义"是用"国际社会"而非美国自身的名义来发声。民主党政府尤其喜欢使用"基于规则的国际秩序"(the rules-based

---

① Sascha D. Meinrath, James W. Losey & Victor W. Picard, "Digital Feudalism: Enclosures and Erasures from Digital Rights Management to the Digital Divide," *Advances in Computers*, 2011(81), pp. 237—87. 另参见王绍光:《新技术革命与国家理论》,《中央社会主义学院学报》2019 年第 5 期。

international order）这一术语，而这不过是"自由主义国际秩序"（liberal international order）的别称。这一术语的侧重点并不在于是否遵守规则，而在于认定只有美国及其认可的盟友才应当掌握规则的制定与修改权，认定和宣布哪个国家违反了它们所主张的"规则"，从而孤立之，驱逐之。在"跨国"层面，它可以召集众多私人主体来参与这一驱逐行动，从而削弱被驱逐者的经济和金融地位。在2022年，当许多原来宣称"商业无国界""科学无国界""艺术无国界"的跨国公司和非政府组织纷纷撕下伪装，加入一场史诗级的经济制裁的时候，这足以提醒我们，美国的国际支配体系能够调动的力量究竟有多大。而这正是"二十一世纪门罗主义"从空间中界定并排斥异质性因素所依靠的重要力量。

四、余论

两百年来，美国的"门罗主义"经历了无数次重新阐释，但其基本思维模式中仍有一个比较稳定的内核，那就是划出一个同质性的空间，将认定为异质性的因素作为对空间的威胁加以排斥。这个空间最初是"美洲"或"西半球"，但此后扩展到亚太地区乃至于全球。人们往往倾向于在"国家间"（inter-state）层面设想政治空间。然而随着全球化的推进，"跨国"（transnational）层面日益凸显，资本、商品、信息、人员乃至病毒的跨境流动，不断改变着不同国家的力量对比，而这也是令美国乃至西方产生"失控"之感的层面。为了重新获得掌控感，美国以"国际社会"的名义，在"跨国"层面界定异质性力量，并召唤一张全球性的权力网络来共同进行排斥；它所用的手段不是"热战"，而是看似和平的制裁，并将那些不配合制裁的力量置于被排斥的风险之中。

这就是"二十一世纪门罗主义"。它利用对利润的渴望与对制裁的恐惧来驱动一张全球性的权力网络。只是随着美国制造能力的萎缩与国家财政危机的深化，它能够释放可供其他国家共享的红利已经日益稀薄。当制裁的力量也走向衰弱，霸权中心就很难阻止霸权网络上的点摆脱其节制，形成新的组合。两个世纪的"门罗主义"阴影，究竟是否有消除的那一天？变化的迹象已经显现，但奇迹不会自动发生，未来的结果并无定数，依赖于人们果断而有耐心的行动。

第二部分

数字时代的高等教育

在数字世界中协作与合作的力量

毕杰恩(Gene Block)

(洛杉矶加州大学校长)

今天我想跟大家探讨全球合作如何塑造数字智能和提高数字普及率,因为大学的价值观是公共服务、公益研究、卓越的包容性,所以我相信高校完全有能力在其中发挥领导作用,最大限度地利用变革性新技术带来的机遇。

什么是数字智能?它包括了方方面面的能力,能够让人们掌握和适应日益由科技来赋能的需求,包括数字素养、远程教育、人工智能,以及这些领域在交叉中产生的知识和技能,这个概念超越了国界。

我们生活在一个具有转型意义的时代,首先我想讲一讲"算力"。"算力"是今天社会越来越多地使用科技手段的基础。算力的增加正以前所未有的速度加快。我20世纪70年代初从斯坦福大学毕业,那时我们整个大学只有一台大型计算机,就是IBM360,一台计算机需要一栋楼来容纳,当时IBM360是最前沿的计算机。那时,学生需要花几小时把程序用打孔的方式做成纸质卡片,再把卡片放到读卡机——往往需要等好几个小时甚至一晚上才能轮到。现在大学生手中的个人计算机,比当年一栋楼要容纳的计算机都要强大很多。今天智能手机让我们了解来自世界各地的信息,让我们的世界进一步扩大;同时又把世界缩小,使我们可以获得无限的信息。这样的访问和接入,让我们觉得和其他人是相连的,虽然物理空间上这些人和我们的距离非常遥远。

我想介绍三个具有核心意义的原则,希望可以用这些原则帮助我们与数字技术打交道，做到数字赋能。

第一，我们有必要具备一种新的全球观，认识到技术和我们所面临的问题不分国界，都是全球性的。

第二，我们扩大数字化的可能性和技术的同时，必须要坚守平等的原则。平等包括多样性、包容、符合道德，我们要确保这个领域的研究是跨学科的，且能支持终身学习。在大学中，来自世界各地的研究者、老师、学生，认识到我们面对的挑战是全球性的，比如疫情大流行，我们没有人可以独立解决，大家必须携手努力。像气候变化、国际冲突、经济战争这些挑战，都需要全球性解决方案，以及全球范围内的协作。为了化解挑战，我们从学生身上学到很多东西，他们用数字技术用得最多，而且行之有效地让数字技术为自己所用。

有一个很好的例子，世界各地的大学生推出了全球气候变化行动（GCS）倡议，他们通过集体的数字智能协作，来提升人们对于气候变化的认识，帮助政府和公司采取正确的决策。世界上不同国家和地区的学生，通过社交媒体组织各种各样的集会，让他们的声音在全世界都能被听到。

全球气候变化行动（GCS）是非常好的例子，告诉我们世界各地大学生通过数字化工具团结在一起，通过他们的能力来推动人们对于相关问题的认识，采取行动，这已经影响到很多国家。这对围绕着环保政策、企业责任开展教育和设置课程产生了深远影响，推动采取适应气候变化的行动，帮助我们打造全球联合体，增强全球的福祉。

第三，我们要注意数字技术的进步是双刃剑，所以我们在考察数字化创新的时候必须秉持平等、多元化、包容性、符合道德的价值观，从而弥合数字鸿沟，确保经济上的平等，确保海量的信息能够为所有人获得，能够让信息为所有人服务；通过解决问题，促使更多人在数字时代为社会的发展做出贡献，让社会变得更加平等，让信息得到更广泛的共享。

讲到平等，我们最近面临的问题是，基于软件的人脸识别当中有一些偏见，比如说对于更深的肤色，不能有效识别，特别是对于执法工作来说，这是一个令人遗憾的结果，是软件开发团队本身缺乏多元背景，造成他们开发出的软件有偏见，这再次提醒我们，要用平等精神来指引打造新的数字化技术。

新技术对我们生活的方方面面都在产生影响,比如说获得和处理信息的方式,互动的方式,沟通的方式,教育和学习的方式。数字化对大学产生了巨大的影响,对我们的工作方式也产生了巨大的影响。在加州,作为教育工作者,我们不只是让学生为数字化的世界做好准备,更应该让他们成为数字化的原生代。对非数字化原生代的人们,要对他们进行训练,让他们具有再就业机会。因为他们的工作受到了数字化的影响,很多人得益于数字化,但还有很多人由于数字化而受到损失。我们要确保被落下的这些人也能够得到照顾。而大学的研究,能够发挥重要作用,帮助我们构建和打造数字化技术。我们必须充分意识到,我们的偏见、歧视、虚假信息和歧视言论,在数字化世界当中会被永久化和固化。我们必须让人工智能和数字技术起到团结的作用,而不是分裂的作用。洛杉矶加州大学(UCLA)建立和启动了一系列倡议,通过驾驭人工智能和批判性思维,让我们用好数字化技术。其中一个例子就是成立批判性互联网查询中心,确保数字化技术服务于公益,而不是带来相反的结果。

另外一个例子是在打造数字化技术的过程中,通过跨学科的方式来实现平等和多元化,称为 Data X。我们必须用集体的智慧确保技术进步符合我们的道德承诺。Data X 进一步把科学家、工程师和学者汇聚在大学当中。他们来自四十多个不同的组织,从太空科学、环境科学、生命科学到社会科学,进行跨学科的合作。他们启动了一系列研究项目,帮助我们研究数据如何影响不同的人群和社区,探索数据理论和技术,使用计算机技术提升教育,应对气候变化。无论在加州还是在全世界,这些倡议都变得更加重要。人文学者、社会科学家和数据科学家、计算机科学家携手合作,把各个学科都融入到数字技术的发展中。

在数字化实践中,数据管理和分析需要将方方面面的见解和能力融合在一起。除了进行跨学科研究,数字技术的快速增长和变化,也需要我们保持终身学习。无论是知识还是技能,每个人都必须成为终身学习者。大学是一个终身学习的理想场所,帮助人们弥合数字技能方面的鸿沟,帮助人们适应技术的发展。在人们的整个职业生涯当中,大学要提供终身学习的机会,而不是短短几年的学习机会。

我们大学不断支持校友开展终身学习。我们举办了特殊的项目,帮助世界各地的校友继续接受教育,支持他们的职业发展。我们和65万名校友保持长期联系,通过我们的网络支持他们开展终身学习。大部分学生,一生当中在大学度过的几年,只是他们人生中的短暂时光,我们给他们的知识在他们毕业之后长期为他们所用。除了数字化知识,我们还把各种各样的个人和职业发展机会融合到服务中,让校友在毕业之后继续和我们保持联系,为他们的工作和职业生涯提供附加值。

我们很多支持校友的项目,能够通过远程接入的方式进行互动,让我们的毕业生在毕业后的长期发展中继续得到学校的支持。今天在美国,基于大学的项目使我们的教育范围可以扩展到传统的高等院校外。并不是每个人都能够来上大学,但是每个人都需要教育。我们的扩展项目,简称UCLA Extension,让教育拓展到传统的学位教育的范围之外,是美国最大、最全面的继续教育项目。在这个项目当中,我们既瞄准成年人,也瞄准在校生。现在我们的校园当中有4000名在校生。同时我们通过扩展项目惠及更多人,让那些已经工作的成年人继续接受终身教育。无论是我们的在校生,还是学生以外的人群,都能够充分受益于这些项目,能够让很多没有上大学机会的人,仍然能够得到有效的教育。我们在20个领域推出了150个以上的证书计划。很多证书是不需要有大学学位就能够拿到的。

我们有一个叫x Open的倡议,提供了免费的在线教育接入。x Open的工具,能够为世界各地的教育工作者、学生,以及学习者,提供高质量和可靠的信息。我们生活在一个充满挑战的时代,适应能力不断得到考验。无论是教育研究还是服务,我们认为大学可以发挥更积极的作用,打造更加美好的世界,为所有人带来机会。无论是通过数据化的工具来提升信息接入,还是提升全球卫生健康、应对气候变化、推动经济平等,我们都会使用知识,满足当前最迫切的社会需求,打造更好的发展环境。

在这样的环境中,来自不同背景的人能够共同发展。关键是我们的包容性,能够触及各个人群。数字技术和信息技术的发展,毫无疑问会带来很多变化。但是会带来什么样的变化,有赖于我们如何合作,我们设定了怎么样的轻重缓急。我们需要有新的视角化解新技术带来的挑战,抓住它带来的机会。在全球互联互通的时代,我们必须守望相助,作为教育者,作为重要的社会力量,去解决全球性问题。

非常高兴来到北京论坛,这里有全球性的听众,大家一起来解决全球性的问题。数字化环境的未来,有赖于全球协作,有赖于我们承诺实现平等、多元化、包容性,建立道德标准,开展跨学科研究,注重实际,不断提供终身学习的机会,不让每个人被落下,这是我们的目标。这种深思熟虑的团结策略,能够提供具有转型意义的知识,培养下一代领导者和工作者。在数字化的世界中取得成功绝非易事,但通过携手合作,我们能够共同完成目标。

大变革时代的高等教育

藤井辉夫（Teruo Fujii）

（东京大学校长）

本次论坛的主题是"文明的和谐与共同繁荣：传承与互鉴"。祝贺北京论坛二十周年庆典，也要祝贺北京大学125周年华诞。我在两年半前开始担任东京大学校长，当时就在考虑大学应该扮演什么样的角色。因为我们面临着众多的挑战，作为人类，我们有非常重大的全球性的问题摆在面前，比如说气候变化、食品、能源安全等。新冠疫情引发了我们对公共卫生的重大思考，另外，我们现在已经看到乌克兰和加沙地带的人道主义危机。在这样的情况下，大学应该扮演什么样的角色，这是我需要思考的一个重要问题。

2021年9月我们发布了《东京大学指南针》，这是我们新的指导原则。我们的宗旨是走进多样性的"海洋"，通过对话创造未来。我们有三个核心价值观。一是对话，我们所说的对话不仅仅是人与人之间的交谈和交流，我们希望能够分享我们所创造的知识，因为大学是一个产出知识的场所，我们需要分享知识，同时也一起创造知识。这是大学一个非常重要的实践。二是了解未知的东西，提出适当的问题，并且集思广益，共同找到这些问题的解决方案。三是彼此建立互信关系，这也是当前发展的重中之重。此外，我们还需要多样化的背景以及包容精神。在学术方面我们已经达到了较高水平，我们需要为社会问题找到相应的解决方案。通过共享解决方案，通过和不同背景的人群对话，我们可以让这个世界变得更好。实际上，我们还希望把大学变得更好，成为世界上任何人都愿意加入的大学。

我今天的演讲聚焦于我们身处的大变革的背景。首先就是数字变革。大家知道,互联网的流量在过去两年已经翻了一番。在这样的情况之下,我们也面临着所谓的范式转变或者说经济社会的转变。在 20 世纪,产品的价值来自各种各样的实体物品。但现在当我们看到价值的来源的时候,更多来自信息、数据或知识。因此,让我们把这些知识,还有相应的信息实现互联,这是我们说的巨大变化,由数据驱动的社会。

在这种快速变革的过程中,我们还必须改变过去的学习方式。以前基本是线性的模型,我们学习,找工作,然后退休,这是一种线性模式。现在,我们需要重新调整自己学习的周期,或者说,我们需要终身学习。我们需要能够应对数字信息的人才,需要开发各种各样不同的系统和软件,等等。这就是我们所说的数字原住民,他们是非常有创意的一代。

另外,还有一些人,他们虽然退休了,但仍然有能力参与到教育过程中。我们也看到,在小学和中学,很多孩子都是以数字化的方式来进行学习。东京大学成立了一家子公司,提供科学教育,现在有一千多名学生正在学习关于数据科学方面的课程。

还有一点也希望引起大家的注意,东京大学除了 STEM 专业领域的知识以外,非常关注艺术、文科,还包括设计等领域。只看到数据或技术,并不全面,我们需要看到数据背后所有的背景信息,思考如何把这些创造力应用于我们的社会。为了实现这一点,我们在东京大学开设了终身学习的课程,帮助相关人员来学习设计思维、提升创造力。在数据转型的时代,AI 大行其道。从去年开始生成式 AI 广泛使用,作为大学校长,很多人会问我如何来应对这样的变化趋势。很显然,我们没有办法阻止人们使用生成式 AI,但我一直都在强调这种学习体验的重要性。我推荐约瑟夫·奥恩写的一本书,《教育的未来:人工智能时代的教育变革》,书中谈到了人工智能时代的高等教育,很重要的一点就是当前大部分工作都有可能被 AI 替代。同时,我们还必须给学生提供基于体验的教育,不只是在课堂里学习,而且要提供体验式的学习机会,这也是他们在未来的职业生涯中必不可少的一项技能。

为了实现这一点,我们开展了相应工作,设置了一些项目,还举办创业、创新活动,教学生如何能够在数字时代抓住机会。同时,学生实现了相互协作和协同,因为很多问题都不可靠一个人来单独解决,必须和其他专家共同协作来解决问题。我们需要重新和社会进行连接,所以我们有很多实践和实习项目。这些动手的项目,非常好,让东京大学学生每年在北京待一周,进行各种各样的体验。比如关于湿地考察的项目,我们需要与地方政府开展合作,把学生派到地方政府,共同研究和探讨一些社会问题,也让学生能够对政府面临的问题提出一些解决方案。创新还有创业活动对学生非常关键,尤其是对年轻的研究人员,这样他们才能获得在商业场景下的真实体验。为了让他们能够把学到的知识直接应用到实践中,从而为社会创造福祉,我们需要为他们提供相应的服务和支持。通常每年有 30 到 40 个公司会成立,在整个的东京大学的生态系统,我们已经孵化和初创 500 家公司,包括生命科学类的公司。

AI 本身也给我们打开了新的大门,让我们追求科学的新发展。如果我们使用深度学习的话,AI 也在学习模拟的过程,我们可以改变一些参数,然后做一些计算,看看不同参数可能会带来的结果的区别。比如对于整个宇宙的模拟,从各个不同参数的领域来做一些模型调试。大家会看到,又有一些新的物理学方面的进展。总的来说,它为我们科学界在宇宙论方面打开了一扇新的大门。

在东亚这样的环境之下,对我们来讲很重要的一点就是需要保存、学习不同的语言。各种各样不同的文字,是我们进行分享的重要内容。通过 AI 技术,我们可以更好地保存亚洲的语言文字。我们还必须在学术之外来进行思考,每次出现一个新的技术都会引发大讨论,比如这到底是一种威胁,还是一种机会。20 世纪 80 年代,我们有新机器人技术,卡内基-梅隆大学的汉斯·莫拉维克教授写了一本书,谈到了后生物的事情,认为机器正在以某种方式取代生物实体,或者说与生物实体共享地球。现在我们看到生成式 AI 的大爆发,实际上这也大大地促进了深度学习技术的发展。很多人谈到 AI 给人们带来的生存威胁,很多人会讲在这样的时代我们应该做什么,这是很有深度的问题,是必须深思熟虑的问题。美国有 AI 论坛,也有关于使用 AI 相关技术的会议,1999 年在布达佩斯曾召开此类会议,讨论科学以及科学技术的使用,这些都是很重要的想法,引发了我们对技术发展的伦理道德和社会问题的思索,这有助于我们进一步进行技术创新。

我们一定要建立对话的平台,汇聚不同的人,不同的思想。我们和北京大学展开了合作,比如中文、日文、英文三种语言支持的研究平台,有助于我们很好地了解彼此的文化。我们讨论了很多网络方面的问题。纽约大学也拍摄了此类视频,谈到了我们需要如何来应对未来的挑战。

东京大学同样得到了韩国崔钟贤学术院的支持,组织东京论坛,将于11月底在东京举行。我们的主题是塑造未来,包括自然科学和人文学科,还有人脑研究等。我们也会探讨哲学与科学之间的对话,试图带来一些新的灵感和启发。我们也会探讨如何进一步促进人文主义的发展。对我来说,我非常荣幸能够成为北京论坛的发言嘉宾。这样的论坛对我们来说是珍贵的机会,能够和各位同仁一起探讨面临的困难问题,作为人类整体确实有一些共同的挑战。身处大学和学术界,我们把不同的行业连接在一起,通过与多元背景的人们展开对话,希望能够拥有更加美好的未来。

国际学术交流:其关键性及基础原则

欧立德(Mark C. Elliott)

(哈佛大学国际事务副教务长)

今年是第二十届北京论坛,主题是"传承与互鉴"。我想,对于参加论坛的每一个人来说,"互鉴"的价值都是显而易见的。对我个人而言,这是一个非常重要的、有着特殊意义的主题。

四十多年前,我第一次来到中国,在沈阳的辽宁大学度过了一年留学生活。当时学校的条件远远不如今天的标准,但基本上其实还可以,至少对我们留学生而言是这样。一般人的生活确实都还比较艰难。1982年,中国正在走出"文化大革命"的创伤。"改革开放"还是一个相对较新的提法,我们都在学习体会它的含义是什么。前行的道路会有曲折,不一定会一帆风顺。

那年在辽大留学是有挑战性的一年。但我尽量不回避那些挑战,反而是寻找可以继续往前走、与中国的老师和同学相互学习的方式。尽管这并不总是那么容易,但我在中国留学的那年是我一生中最重要的年份之一。我当时学到的知识,以及几年后作为人民大学的研究生所进行的研究,为我作为中国历史学家的职业生涯奠定了基础,这个学科我已经在哈佛大学教了很多年。几十年来,我多次访问北大和其他中国著名大学和研究所,我从与中国学术界同行的长期互动中获得的益处不胜枚举。我要深深地感谢他们给我的支持、指导和友谊,还有谢谢他们给我的批评。因为我的确也受到了不少批评!但这也是一种交流;毕竟,批评总远胜于沉寂。

在我个人的经验中,这种交流,这种相互学习,包括学习前辈的传承,虽然不都是温良恭俭让,但是确实使我成为更好的学者和更好的老师,让我有机会丰富和精进我本人对中国历史的理解,以及为理解历史如何影响现代中国做出一点贡献。

四十年来在中国进行的相互学习,也使我在目前担任哈佛大学国际事务副教务长时受益匪浅。在这个职位上,我负责哈佛大学所有的国际学术活动,还为大学的外国学生和学者提供支持。这是一个庞大的群体,有来自世界各地的差不多一万人,其中仅来自中国就有大约2000人,包括众多北大校友。我总是乐此不疲地告诉人们,正是因为有这么多优秀的年轻人才,这么多来自世界各地的天才,才使哈佛成为一个出色的大学。我知道,对于北京大学来说,国际教育也是占据重要地位的一个优先事项。

我从事中国研究的职业生涯,恰逢我们现在回顾起来是美中关系不断改善的时期。这是一个比较乐观的四十年。无论我们的判断正确与否,我们那时候倾向于认为这样的情况会继续下去,会越来越好,两国关系会更加密切,学术研究和合作的条件会不断改善。然而,正如我们此刻都意识到的那样,事实并非如此。作为一名历史学家,我不应该感到惊讶,因为我很清楚,历史不会沿着直线发展,而"进步"这个概念是19世纪西方国家的发明。尽管如此,我还是痛心地注意到,近年来,美国提出或实施的某些政策直接影响到与中国的学术交流。其中一些政策是应对国家安全或经济安全上的挑战应该采取的政策,但也有一些政策如果制定不当,可能会广泛阻碍美国与中国之间正常的学术交流与合作。

同时,我还注意到,我国官方部门的一些调查对美中学术关系产生了寒蝉效应。一些著名科学家因被怀疑、指责有非法活动而被捕,相当一部分是华裔学者。这加剧了各方的焦虑。虽然现在宣布这些调查结束了,但美国很多华裔学生和学者还是跟我说,他们觉得在美国不像以前那样受欢迎,并且经历着越来越多的职业挑战,包括他们的学术工作受到更加严格的审查。同样,接待过中国研究生或与中国同行有合作关系的许多美国科学家感到紧张,对这些合作关系在某程度上感到不确定。听到他们的话,我自己感到十分沮丧。

任何领域的科学合作都会带来风险，这是必须承认的，但这些风险也是可以管理的。不过，我对过度管控的可能性深感担忧，因为这可能会损害惠及我们所有人的合作。麻省理工学院前校长拉斐尔·莱夫（Rafael Reif）最近撰文表达了他对美中研究合作未来的忧虑。在哈佛大学，我们相信出色的科学研究的根本基础是开放的研究环境，不受政治影响、不受种族偏见、不受任何特殊利益的干扰的研究环境。与此同时，像任何大学一样——无论是在美国、中国，还是其他任何地方——我们也会注意国家安全问题。我们坚信，在科学研究的开放性与安全性之间保持合适的平衡是完全可能的，也是必要的。这要求我们完全遵守已有的研究经费和技术转让的法律、法规和制度政策。它还要求各方尊重已经形成的那些管理大学科学家之间的基础研究合作和信息共享的良好规范，例如透明度、诚实和客观性等。

我们的观点是，美国大学应该继续对中国学生和学者保持开放，必须继续支持国际学术团队之间真正互惠的研究合作，以免对美国高等教育事业和全球科学造成损害。我们相信，这一目标符合我们保护美国利益的责任，包括安全利益的责任，并且我们相信这个目标可以在不助长种族偏见和民族偏见或采取破坏性的民族主义政策的情况下实现。我们还相信，我们在中国的合作伙伴机构可以帮助所有参与者优化这种关系。请允许我用几分钟时间更详细地探讨这个问题。

首先必须说明的是，美国的大学严肃对待任何国家的非法活动，并非常关注和担忧一些学生和学者回国后被质询在学习期间从事的合法活动。另外，美国的大学确实经常受到来自美国以外的网络攻击，这些非法获取高等教育机构信息的行为是非常有害的，并且会削弱信任。它们使得保持学术交流渠道的畅通变得更加困难。

尽管如此，我们还是建议，为了保持理性的、合理的视角，需要充分重视众多的中国学生和学者——以及其他国际学生和学者——为我们的大学乃至整个世界的研究和创新做出的贡献。

我们的大学在很多方面依赖于我们校园里中国学生和学者的才华、创造力和勤奋工作。在美国，中国学生约占所有留学生的三分之一，显然他们在各方面做出了重大贡献,有助于校园生活经历的多样性。研究生们的发现推进了他们各自领域知识的前沿。此外,中国学生和访问学者进入美国高校校园,开辟了一条相互了解的途径:来自中国的同学可以体验美国的学院生活,近距离了解美国的社会和政治,能看到其优点及其缺陷;同时,出生在美国的学生和教师有更多机会从中国来的留学生和同事那里更切身地认识当代中国的情况。

我需要补充一点,中国出生的学者和在美国大学接受培训的科学家所取得的成就不仅帮助了美国,也不仅帮助了中国,而是帮助了世界上的每个人。新冠疫情期间取得的研究进展只是这些长期成果的最新证据。许多在COVID-19研究、治疗和控制方面处于领先地位的中国科学家都曾在国外接受过培训或曾在国外生活工作过。在我们努力识别和应对新出现的疾病的过程中,在其他科学领域的开创性发现中,这些合作伙伴关系将继续发挥重要作用。

在这方面,我要指出的是,自从2010年开始,美国和中国大学之间的研究合作蓬勃发展。这种高度跨国的模式符合我们对当今科学研究模式的了解。与三十年前相比,在美国领先的研究型大学中,国际研究团队发表的合著论文比例越来越大,而这些论文在引文索引中排名最高。多项研究证实了在每一领域中都有这一趋势,并表明这种趋势随着时间的推移在加强。中国科学家常常是这些团队中的关键人物,因为他们是优秀的科学家,像世界各地的科学家一样,怀着对工作、教学、研究以及推进自己的学术领域的承诺,尽心工作。

在全球研究合作占主导地位的世界中,对伙伴关系的竞争本身也在加剧。由于全球健康和气候变化等许多紧迫问题给我们共同的未来蒙上了阴影,限制大学研究人员参与这些协作开放网络的能力将不必要地束缚我们的科学的未来。为了我们自己的利益,为了全世界的利益,我们需要更多而不是更少的学术交流和互利的研究合作。数据表明,开放的科学才是强大的科学,开放的大学才是强大的大学。

事实上,这些原则在2013年的"合肥声明"中得到了许多中国顶尖大学的明确认可。该声明不仅得到了C9学校的认可,也同时得到了澳大利亚八所大学、欧洲研究型大学联盟和美国大学联盟的认可。它阐明了研究型大学的十大关键特征。其中包括对卓越的承诺、对研究诚信及其相关道德义务的坚守、对学术自由和竞争的观点的容忍,以及对透明的大学治理的承诺。这个声明强调了维护那些建立在这些原则上的共同的研究环境对我们所有学校的重要性。我认为或许是重申这些原则的时候了。这样的重申将大大有助于加强我们大学之间乃至我们国家之间的联系,并使世界变得更加美好。

作为结语,让我重申我的信念:像哈佛这样的学校之所以强大,是因为致力于公正的探寻,因为对包括中国在内的世界各地的人才持开放态度,也因为我们的学者的承诺,与志同道合的同仁们,无论他们持有什么护照,为了共同的目标而努力。在评估我们的国际交往时,应不断考虑这些交往是会增强还是削弱对所有范围的学术主题的自由探究,以及它们是否会促进人类的知识和支持对真理的追求。在这些前提下,我们欢迎国际学生和学者,我们将继续促进国际合作。

正如我所说,合作促进科学发现,特别是在应对流行病、气候变化、清洁能源和粮食安全等全球挑战方面。为了确保这些合作的成功,它们的结构应该是互惠的。事实上,互惠应纳入所有领域学术交流的总体框架,同时确保在涉及国家安全的领域,采取适当的保障措施。这其实很简单:如果我的图书馆和研究设施向你开放,你的也应该向我开放。在这一切努力中,我相信中国大学自身可以发挥关键作用。我在汉学领域的多年实践和对中国高等教育的丰富经验使我相信,找到可靠、值得信赖、能力一流的合作伙伴,以及同样致力于"合肥声明"所阐述的崇高原则的学者并不难。只要我们能够就这些原则达成一致,我们就拥有光明的未来。

最后,我想向诸位同仁重复的一点就是,中国学生和学者为美国大学和研究企业带来了巨大的思想资源和创造力。对中国学生和学者的全面拒绝可能会削弱美国的高等教育和研究,不仅会损害我们的国家利益,还会损害全球科学。我们哈佛大学的同事们会坚定地继续倡导学术自由和开放。我希望参加今年北京论坛的同仁们都会同意,对这些价值的重新承诺将使我们的机构更加强大,并重振将我们联系在一起的合作关系。我们需要更多,而不是更少,像北京论坛这样的会议,让我们有机会互相倾听和学习,并一起思考如何共同努力,创造一个更美好、更安全、更绿色和更公平的世界。谢谢各位。

数字人文:人文学术新范式的兴起

王 宁

(上海交通大学人文社会科学资深教授、
人文艺术研究院院长、欧洲科学院外籍院士)

在当今的国际学术背景下,国内外人文学者都在热议"数字人文"这一话题,甚至对之展开争论,似乎我们确实要通过科技手段帮助人文学科走出危机,以便在科技与人文之间架起一座桥梁。特别是在 ChatGPT 问世后,这一热门话题更是吸引了众多领域学者的注意力。但也仍然有不少人对这一新鲜事物持怀疑态度,甚至是反对。

毫无疑问,一种美好的愿望能否实现,终待实践和时间的检验。即便如此,数字人文确实对我们的教学和学术研究产生了革命性影响,对传统人文学者的教学和研究更是提出了挑战。但是,这也预示着研究范式的改变。换句话说,它标志着人文研究领域兴起一种新的学术范式和阅读方法。有鉴于此,保守派学者试图通过坚持传统的人文立场来抵制科技对人文的冲击也就不足为奇了。

我自 20 世纪 80 年代初开始从事文学研究,对这一点的体会尤为深刻。在西方国家,一些人文学者倾向于通过书信与亲朋好友保持联系,而不是使用电子邮件,更不用说用微信了。在中国,一部分传统的人文学者在创作时仍坚持手写,而不使用电脑,因为对他们来说,一旦坐下来用电脑写作,仅有的一点灵感也消失殆尽了。简而言之,他们并不欢迎科学技术干预人文学术研究,因为后者是高度个性化的。人们不禁要问:这些保守派是否成功地阻止了科技浪潮席卷整个人文领域呢？答案当然是否定的，历史大势所趋，无人能够阻止。

那么，面对如此强大的冲击，我们人文学者又该如何应对这一挑战呢？在我看来，"数字人文"概念或许能让这个问题迎刃而解，或至少缩短科技与人文之间的差距。在本次演讲中，我将以比较文学学者的身份，讨论数字人文的现状和潜在影响力，尝试证明两种不同的阅读方法之间的互补性。

数字人文在比较文学研究中所面临的挑战

我是一名从事比较文学和世界文学研究的学者，因此，在本次演讲中，我将重点谈及这一领域。过去几年间，尽管数字人文的概念在中西方学术期刊和会议论文中频繁出现，但其内涵却远未明确。或许有人会问，为什么要在文学研究中倡导数字人文？为什么要把毫不相干的两件事放在一起？它对我们的人文学术研究有什么好处？传统的研究方法能否继续使用，还是已经过时了？数字人文究竟是一个全新的领域，抑或仅仅是科技与人文相结合的产物？在我看来，数字人文，顾名思义，显然是一个全新的研究领域，是大学计算机科学和人文学科的交叉。它从人文学科的计算机化、计算机的人性化和数字人文的实践中发展而来，涉及许多前沿的研究课题。简而言之，它融合了数字和自然数字材料，而计算机和数字出版所提供的工具则结合了传统的人文社会科学方法。

由此，不难看出，数字人文作为一种全新的跨学科研究方法，利用现代计算机科技更新传统的人文学术研究，将人文学者从烦琐的数据收集和检索中解放出来，以便他们有更多的时间去思考其他方面的诸多理论的阐释与创新。

同时，人文科学各分支学科的研究成果也可以实现"数字化"，为更多相关学科的学者和普通读者所共享。数字人文提高了人文学术研究的便捷程度和效率，使人文学术研究更加贴近科学研究。最后，同行专家也可以量化和评估我们的研究成果。

毫无疑问，数字人文的诞生为传统的人文学术研究增添了更多的科学精神和方法论手段，标志着人文学术范式的又一次变革。利用科学方法和计算机技术提高了人文学术研究的便捷程度和效率，尤其是使我们能够获取更加客观和准确的数据。当代文学创作也不例外。中国作家协会发布的一份权威报告称,网络文学已逐渐成为文学创作的主流。诚然,随着网络文学和网上书店的诞生,大量实体书店倒闭,当代中国几乎所有文学杂志的订数都直线下降。

事实上,类似的情形如今在全球各地屡见不鲜,我们经常会听到诸如"文学已死""文学研究已死"的夸张悲叹。尽管这只是数字文学创作和传播的一种负面结果,但已经令不少人文学者陷入恐慌。他们不知道接下来要做什么。另一方面,无可否认的是,数字人文也确实带来了便捷,提高了效率。我们不必再像过去那样坐在办公桌前,一遍又一遍地修改手稿,最后再誊写终稿。当然,这样一来的结果便是,旧日的手稿由于作者的声誉而被收藏在博物馆里,而那些不知名作者的手稿则终将被销毁。

如今,我们可以在电脑上编辑原稿,再寄送给出版社,其间甚至不会留下任何修改的痕迹,接着,出版社便以最快的速度印刷,有时也会直接在线发表;而大多数情形下,出版物仅有电子版问世,根本不用印制成纸质书刊。美国学者凯瑟琳·菲茨帕特里克(Kathleen Fitzpatrick)这样总结数字人文的作用:"在我看来,数字人文居于数字媒体和传统人文学术研究的交叉路口,它有两种不同的作用方式,一方面,数字人文利用数字媒体工具和技术解决传统的人文学术问题,但它同时也在数字媒体领域引入了人文学术的探究模式。"[①]科技和人文有机地结合,过往单一的人工研究方法所能发挥的效用已大不如前。数字人文标志着当代学术界一种新的研究范式的兴起。

2012年,芝加哥大学出版社出版了凯瑟琳·海尔斯(Katherine Hayles)的《我们如何思维:数字媒体和当代技术生成》一书,海尔斯是杜克大学的文学教授,以前卫艺术和跨学科研究而闻名。[②] 尽管海尔斯的创新思想经常走在时代的前列,但她十年前提出的一些想法如今已经成为现实。这本书刚刚出版时,数

---

① Cf. Andrew Lopez, Fred Rowland, Kathleen Fitzpatrik, "On Scholarly Communication and the Digital Humanities: An Interview with Kathleen Fitzpatrick," *In the Library with the Lead Pipe*. January 14, 2015.

② Cf. N. Katherine Hayles, *How We Think: Digital Media and Contemporary Technogenesis*, Chicago: University of Chicago Press, 2012.

字人文的概念在中国学术界甚至还太不为人所知,但在西方学术界却已经得到了广泛认可,文学学者特别是比较文学学者大量将之应用于文学批评和研究。身为比较文学学者的一员,海尔斯可以说是引入这一文学研究新范式的先驱之一。

作为一名文学学者,海尔斯的思考并未局限于文学研究,而是拓展至跨学科的人文学术研究,因此她的作品被认为是一部引领人文阅读和研究范式变革的著作,对包括文学研究在内的整个人文学术研究领域都产生了极大的影响。事实上,作为一名前卫的文学学者,海尔斯对现代高科技在人文学科尤其是文学研究中的作用极为敏锐。

她提出并试图回答这个看似简单的问题:"我们是如何思维的?"不仅仅是基于人文主义的观点,还有她热衷于讨论的"后人文主义"视角,类似于我们目前在中国大学里积极探讨和参与实践的"新文科"建设,虽然这与传统的人文学科思维模式有所不同,但仍旧是科学方法论与人文主义观点的结合。

因此,有必要先谈谈该书的价值和意义。我们是如何思维的?通过这一问题,海尔斯开启了一场激动人心的技术探索之旅。她认为,在这场探索中,我们应与媒体保持同步思考。毫无疑问,随着现代和后现代高科技的迅猛发展,通过数字技术和印刷习得之间的差距会越来越大。恪守传统的人文学者无疑会对数字时代的到来产生抗拒,但海尔斯本人也是一位人文学者,她却从一开始就热情地拥抱和支持现代技术中的数字创新,坚信人类与技术的共同进化势在必行。此外,她还着手推动"比较媒体研究"或者称跨媒体研究的进展。

关于这一点,她在书中有详细的论述。在她看来,数字媒体将在很大程度上取代传统的印刷技术,但同时又无法做到完全摆脱传统的印刷方式,所以要给数字作品在传统印刷领域中寻求一个新的定位。除了研究数字人文如何改变学习、研究、教学和出版的形式,海尔斯还描述了数字媒体工作的神经性后果,在这一过程中,个体专注于浏览和检索,或者说"超级阅读"行为。

由于机器算法分析和细读均为有效的阅读形式,因此它们并非是全然对立的,在某种程度上,前者可视为对传统细读方法的必要补充。海尔斯认为,我们必须识别三种形式的阅读,以便了解传统教学方法的局限性和可能性。除了从比较媒介的角度阐释需求,海尔斯还探讨了螺旋式技术创新的整体复杂性。她思考了早期数据库的影响,向数字时代不断变化的时间和空间观念发起挑战。为进一步理解数字技术对人文科学的改变,我们确实需要一个令人信服的理由,以应对当前的挑战。

作为比较文学学者,我们最关心的当然是数字人文对比较文学和世界文学研究的影响。几年前,应时任《比较文学研究》(*Comparative Literature Studies*)主编托马斯·毕比(Thomas Beebee)的邀请,我为他们编辑了一期特刊,题为《比较文学研究中的技术应用》。我在其中指出,在如今的高科技时代,人们的阅读习惯发生了巨大的变化:从阅读大量的纸质书籍转变为使用电脑甚至手机阅读和浏览信息,人文学者已经将数字人文课题提上了议程。① 一些拥有丰富技术知识储备和超前理论意识的学者提出"远程阅读"的概念,这无疑在比较文学和世界文学研究领域中走在了前列,接下来我将着重讨论这个话题。

数字人文在世界文学研究中的意义

当前,尽管世界文学已成为比较文学学者最前沿的理论课题之一,但在所有从事世界文学研究的学者中,弗朗哥·莫莱蒂(Franco Moretti)是最早利用数字人文方法研究世界文学课题的学者之一。从文学研究的角度来看,我们通常认为科学技术与文学及文学研究的关系不大,更不用说其他人文科学领域了。这么说当然也未尝不可,但若从科技与人文互动的角度出发去思考,我们就会发现,文学及文学研究与科学技术之间的确存在着一些关联和互动:两者之间既有对立,也有互补和对话。

正如我此前提及的,数字人文如今在东西方均得到了广泛应用,比较文学研究就是一个很好的案例,因为比较文学学者对新兴的文学和文化的研究趋势最为敏感,且总是率先付诸实践。为什么要在文学研究中引入技术,有一个重

---

① Cf. *Technology in Comparative Literature Studies*, in *Comparative Literature Studies*, 57.4 (2020), especially Wang Ning, "Introduction: The Interactive Relations between Sciences and Technology and Literary Studies," pp. 585—594.

要的原因,即文学创作中已经有越来越多的作品开始涉猎科学技术领域,这一现象值得比较文学学者认真研究。而作为这些作品的研究者和评论家,在下结论之前,理应对先进的科学技术知识和方法有所了解。例如,近年来在中国兴起的科幻小说,就与我们的生活越来越密切关联,对文学学者也越来越有吸引力,它是科学技术与文学想象和创作相结合的典型产物。[①] 与此同时,"元宇宙"一词也成为人们津津乐道的一个热门话题。

元宇宙的概念为当代人开辟了一个广阔的空间,探索不存在于人类社会中的东西,同时,元宇宙也为作家和艺术家提供了庞大的舞台以便充分发挥其艺术想象力。因此,科幻小说在当下兴起理所当然。但对于那些传统的人文主义精英作家和文学学者来说,科幻小说却未必代表文学创作的主流,他们往往会忽视其价值和对我们的生活与文学创作所产生的影响。但具有讽刺意味的是,精英文学市场日益萎缩,而科幻小说却越来越受大众欢迎。许多科幻作品都是由外国读者自行发起翻译的,官方并未提供任何资金支持。一方面,这些学者不满于当今引入高科技的文学研究方法对传统的人文主义文学研究的严峻挑战,另一方面,对于前沿的科学技术对其生活方式、学术研究和写作范式的改变,这些人文学者和作家的反应也略显迟钝,甚至低估了技术在人文学科和文学研究中的作用。

因此我想说的是,数字人文的兴起为比较文学和世界文学研究提供了一种非常科学和有效的方法,同时也标志着整个人文学科领域研究范式的显著转变。率先将术语"范式"概念化的托马斯·库恩(Thomas Kuhn)指出,"作为案例分享的范式是本书最新颖、最难以理解的部分的核心"。[②] 但由于数字人文已经有了大量的追随者和实践者,对库恩来说,因为新范式脱胎于旧范式,通常包含了传统范式之前使用的许多概念词汇和操作工具,只不过新范式很少以传统的方式使用这些借来的要素。

[①] 参阅王宁,《作为世界文学的科幻文学》,《中国比较文学》2023年第4期,第3—13页。
[②] Thomas S. Kuhn, *The Structure of Scientific Revolution*, 4th edition, Chicago: University of Chicago Press, 2012, p.186.

数字人文作为一种新范式的兴起,对传统人文学科尤其是文学研究提出了严峻的挑战。同时,我们也不能否认,科学和文学都需要想象力,无论是艺术层面还是科学层面,没有想象力,科学发现和文学创作都无法实现。因此,科学技术未必要站在文学及文学研究的对立面。

数字人文如果应用得当,则有助于以科学和实证的方式开展文学研究。我们这个领域经常会探讨一个颇具争议的话题,即所谓的"远程阅读",简称"远读",它最早由弗朗哥·莫莱蒂在其世界文学研究中提出,现在被比较文学和世界文学研究学者广泛应用。

对莫莱蒂来说,世界文学是一个问题导向的课题,与歌德时代的含义不同。正如不同的人有不同的思考方式,"世界文学不可能是文学,而是更大……它必须与众不同。分类必须是不同的……世界文学不是一个对象,而是一个问题,一个需要新的批评方法的问题:仅通过阅读更多的文本是找不到方法的。理论不是这样形成的;它们需要一个飞跃,一个赌注——一个假设,才能开始"。[①] 由此可见,莫莱蒂本人虽然具备高超的文学作品细读技巧,却并不希望当代比较文学学者尽可能多阅读来自不同国家或地区的文学作品,而是呼吁在传统的研究方式上进行某种"飞跃"。那么,文学学者应该实现怎样的跨越呢?跳出文本,保持距离阅读大量的文学作品,无疑是研究世界文学的有效途径。

一个人不可能在一生中读尽世界上所有的文学作品,哪怕是主要的世界名著,于是,莫莱蒂提出了"远读"的概念,距离"是知识的一个条件:你可以关注比文本小得多或者大得多的内容:方法、主题、修辞——或题材和系统"。[②]

通过数字方式进行"远读",读者至少可以对世界文学有一个大致的了解。虽然擅长细读的人会感受到明显的挑战,但同时也弥补了以往对来自世界各地,特别是边缘国家或地区的众多文学作品的忽视。从这一角度来说,我认为有必要对这一"远读"概念进行深入探讨,并将其视作比较文学和世界文学研究

---

① Franco Moretti, "Conjectures on World Literature," *New Left Review*, 1 (January-February 2000), pp. 54—55.
② Franco Moretti, *Graphs, Maps, Trees: Abstract Models for a Literary History*, New York: Verso, 2005, p. 57.

的新范式。

熟悉和擅长"细读"的人无疑会对此感到困惑:为什么莫莱蒂要提出"远读"的概念?毕竟文学作品充满了社会、文化和审美内涵,需要非常仔细地阅读才能弄清其本质。而基于他的研究,莫莱蒂确实有充分的理由提议这种阅读策略,因为对他来说,"世界的历史正是世界的屠宰场"。①

莫莱蒂以小说为试验对象,通过技术和统计得出的结论在很大程度上是正确的,对于一名读者来说,无论他多么聪明绝顶,无论他掌握了多少种语言,终其一生都不可能读尽所有的世界文学作品。毕竟,人类的智力和阅读能力是有限的。即便是最聪明的文学天才一辈子也不可能学会世界上所有的语言。而对于那些语言和文学天才来说,一生最多也只能掌握十几种主要的世界语言,阅读两三万部文学作品,99%的内容都将被文学的屠宰场无情地"杀死"。通过试验和数据,莫莱蒂甚至发现了经典作品是如何成就的:"毕竟经典就是这样成就的:少量的书,占据很大的空间。这就是经典。"②这在很大程度上是由文学市场和某种"信息瀑布"决定的。③ 但不可否认的是,莫莱蒂的研究成果基于科学实验和数据收集与分析,具备一定的科学意义和学术价值。

尽管莫莱蒂在传统文学学者中引发了一些争议,但他却说服了普通读者。这里应该提到的是,对于99%被忽视的"未读"作品,莫莱蒂仍给予相当程度的关注:"在大量的未读作品中,我们会发现许多不同的生物,我的'对手'只是其中一个例子。这就是为什么树状结构是有意义的:它是一种'打开'文学史的方式,揭示了欧洲读者的阅读路径选择……它表明,文学历史可能与其本质不同。不同;不一定代表更好。"④"远读"源于科技试验,具有一定的可重复性,因此具备范式意义和价值。

"远读"确实已经有了大量的追随者和实践者,不仅局限于西方,在包括中国在内的其他地方,它对人文学者也越来越有吸引力,至少弥补了我们无法通

---

① Franco Moretti, *Distant Reading*, New York: Verso, 2013, p. 65.
② Ibid., p. 67.
③ Ibid., p. 70.
④ Ibid., p. 88.

过精读看清世界文学全貌的事实。因此,在我看来,理想的世界文学研究模式应为两种方法的有机结合:远读帮助我们大致把握世界文学的全貌,细读则让我们对某个伟大的作家,甚至个别文学作品,有更深刻的了解。① 你很难说清两种方法到底孰优孰劣,因为它们的作用是相辅相成的,文学学者应该因地制宜地选择使用。

拥抱数字时代的人文精神

强调技术在数字人文领域中的作用,并不意味着抹杀人文学科。相反,作为人文学者,我们在人文学术研究中要做的仅仅是引入一种新的范式,相较于哲学,它更加科学,且比传统的人工研究增添了更多数字化或技术化的色彩。因此,在人文学术研究中突出技术手段并不意味着放弃传统的人文精神,恰恰相反,传统的人文精神对当下的文学研究显得尤为重要。

不可否认的是,长期以来,人们习惯于将人文与科技视为两个截然不同的知识领域,采用不同的研究方法。自古以来,人们普遍认为,科技大多与人文学科相对立,尤其是在文学及文学研究领域,尽管偶尔也有例外。

通常而言,在科学技术领域,越新潮的东西越先进;而在人文学科领域,越古老的东西才越有价值,因为经历了时间的考验和历史的筛选。这无疑是一个不错的观点,但却不是百分之百正确。在评价科技成就时,你可以肯定地说,某项发现或研究取得了颠覆性的突破,完全取代了此前的研究成果;但在评价人文学科的研究成果时,类似的表述不免有偏颇之嫌,所以我们往往会强调对前人观点的继承与发展,即所谓的继承与创新。

同样,在西方的人文学科领域,如果一个人懂一点希腊文和拉丁文,就会获得来自同事和学生的尊敬和钦佩:他们必定是知识渊博、通晓古今的学人。无独有偶,在东方,如果一位学者懂得梵文或者古汉语,人们便会对其古典学术造

---

① 参阅王宁,《科学技术与人文学术的辩证关系:兼论远读与细读的对立与互补》,《华东师范大学学报(哲学社会科学版)》2022年第4期,第88—97页。

诣心生敬畏。

这就是为什么但凡涉及人文科学,普遍的共识往往是相反的:越古老的东西越深奥,越现代的东西越少经受历史的考验。因为古代的东西已经被历史证明是有价值的,所以才成为经典,而新的东西尚未经过历史的检验和筛选,其价值很难得到恰当的评估。因此,西方文学的课程从教授荷马史诗和希腊悲剧开始,而中国文学的起点则是《诗经》。当然,不可否认的是,文艺复兴时期的确涌现出了一批博学多才的人,他们精通科学和人文学术。

纵观历史,也曾有作家撰写过科学技术相关的作品,但这样的天才和学者毕竟只是少数。对大多数人来说,在单一学科领域取得成功已经很难了。所以越来越多的人才会认为科技与人文是天然对立的,除非你是天才,否则不可能同时涉猎这两个领域。

综上所述,我在此得出一个初步结论:习惯于纸媒的人文学者应该学习一些数字技术,以便更容易传播他们的知识、思想和作品。同样,精通数字技术的人文学者也不应过多地依赖技术本身,而忽视经典人文学术作品的阅读。毕竟,是人类自己发明了各种人间奇迹和先进的科学技术。而无论技术发展到多么先进的阶段,持有这些技术的人终究无法脱离人文学科,因为后者正是研究人类本身的学问。我们应该做的是弥合科技与人文学科之间的差距,继而实现双赢。

第三部分

国际经验：可持续发展

利用数字健康技术打造精准医疗

理查德·霍布斯(Richard Hobbs)
(牛津大学副校长、初级卫生保健/基层医疗服务负责人、
牛津大学数字健康研究院院长)

今天我将就"利用数字健康技术打造精准医疗"这一主题进行演讲。在接下来的分享中,我将向各位展示一系列受数字健康技术深刻影响的医疗场景。尽管某些技术尚未广泛应用于临床医疗服务,但它们对医学研究领域的影响已不容忽视。我将详细讨论临床电子病历的数字化记录技术,以及如何利用该技术记录不同人群的临床信息和临床表型,这为我们提供了巨大的机遇。此外,我还将探讨得益于数字技术进步而实现的药物开发进程,并简要介绍人工智能在诊断领域的应用,因为这是数字健康领域不可忽视的一个重要议题。最后,我将讨论整合性临床路径和精准公共卫生的潜力。

首先,让我们集中关注临床电子病历数据分析如何改变研究和医疗服务领域。我将与大家分享四个案例。第一个案例,关于呼吸系统疾病的监测与追踪,这是我们预料之中的议题。

我还将讨论患者群体所承受的疾病负担,我们必须了解当前人们面临的健康挑战。此外,我们还需探讨是否能够在群体层面上早期诊断疾病的发生,并预测疾病的预后。尽可能考虑每位患者的具体情况,是未来公共卫生系统面临的重大挑战,同时,对现有制度进行改革亦是必要的。让我们先从呼吸系统疾病的监测开始。

在此之前，我们需要了解一些关键背景信息。在英国，我们有机会建立起一个大体上分布式的内科医疗服务体系。全科医生或内科医生的主要工作场所并非医院，而是社区。医院主要提供二级和三级医疗服务。全科医生在社区内提供医疗服务，他们与普通民众紧密相连。这种基于社区的医疗服务模式为我们带来了显著的优势。

我们的监测体系包括建立前哨监测中心，这使我们能够对监测人群实施更高强度的表型分析，包括病毒取样和群体血清学检查。

在本案例中，我们将电子病历接入临床系统，并与国家数据库相连，整合所有与患者相关的信息，这对我们的研究大有裨益。最初，我们每两周更新一次信息，而在疫情期间，我们实现了每周两次的信息更新。我们的目标是与这些前哨监测中心建立每日联动服务。这种做法证实了什么？

事实上，20 多年来，我们一直在为英国卫生安全局提供社区监测服务，尤其是在流感监测方面。我们的数据显示，流感通常在每年的前两个月达到高峰，但在 2009 年，我们在初秋观察到了一个异常的早高峰。此外，对已知特定表型的早期追踪也为英国带来了益处。该网络甚至发现了英国首例猪流感病例。其作用不仅是报告当前情况，还构成了一套有效的早期预警系统。正如预期，我们在 2020 年年初扩大了监测网络的覆盖范围，包括了 COVID-19 的监测。

一般来说，这种建立在现有临床医疗服务基础上的低成本网络，能够比专门设立的国家公共卫生监测框架提前 7 到 10 天发现呼吸道感染问题。换言之，我们的系统虽然建立在临床医疗服务的基础上且成本较低，但在检测速度上却更快。

我们还与牛津大学的同事们合作，在疫情期间尝试不仅对感染进行检测，还要进行追踪，这对于 COVID-19 来说尤为重要。为什么？因为大多数患者在意识到自己被感染之前，都表现出无症状的前驱症状，这对于任何疫情来说都是一种理想的特征。与 1 型 SARS 不同，COVID-19 并不特别致命，许多人即便感染也不会面临生命威胁。这一特点，加上早期的无症状阶段，导致许多人并未意识到自己已被感染。

有鉴于此，各国纷纷要求人们居家隔离，并启动了全球性的封控措施。对于一场疫情而言，这种应对方式可谓"大动干戈"。有趣的是，在COVID-19暴发之前，英国应对疫情的卫生政策中并不包括全面的人口封控。没有人认为可以通过这种方式应对疫情。如果COVID-19未在中国首先爆发，武汉也未立即实施大规模封控，其他国家可能并不会考虑采取封控措施。未来，我们必须重新考虑封控这种方式，因为大多数人认为，封控的经济成本过于高昂，尤其是对特定社会阶层，尤其是对儿童的影响。因此，研究替代方案变得尤为重要。

追踪系统是一个可选的方案。以一位感染者（A）为例，他在第一天乘坐火车去上班，正常工作。我们意识到了病毒密切接触的问题——近距离传播的可能性增加。A下班回家后，如果他与其他人同住，家庭环境也是一个密切接触的环境。有了追踪程序，如果A在起床后出现症状，他可以预约居家测试。如果测试结果呈阳性，追踪系统会迅速识别出过去24小时内与A有近距离接触的人，并通知他们到联系中心接受检测，并保持社交距离，直到检测结果出来。如果有人检测结果为阳性，那么A个体因此被确认为阳性。所有接触者将被告知需要自我隔离约5天，或直到检测结果呈阴性。与直接封控相比，这种管理方式无疑更为温和。

不得不提的是，这款追踪应用程序最初在英国颇受欢迎。但随着时间的推移，人们在接到通知提醒后开始直接关闭程序。这种情况给我们参与公共辩论带来了有趣的困境。这可能导致我们必须在全国范围内或区域性封控，或接受某种程度的社交中断——对你的行动进行"老大哥"式的管理——之间做出选择。即便如此，它仍然是我们在考虑对人群进行封控时的一个真正替代方案。我们应该探讨采取何种保障措施，以鼓励人们自愿支持这种善意的社会干预。当然，我们也可以采取其他辅助性措施。

例如在中国，某些情况下，服用感冒药的人会被追踪，因为这可能是对感染者采取措施的触发因素。研究模型表明，若想在疫情期间使追踪设备发挥显著作用，需要有快速的追踪系统和迅速的阳性诊断，且相当大一部分人群都要参与其中。尽管该模型显示，只要56％的人口使用这种追踪设备，便可有效缓解疫情导致的不良后果。

在等待疫苗问世期间，我们考虑了这些措施。除了封控，一定还有其他选择,尽管就其不得不造成的个人权利侵犯问题——即便是在规定的短时间内的影响,仍需开展更多的社会讨论。

电子病历的另一个应用是检查人群疾病负担,这一点在当下尤为重要。直到最近,人们才充分意识到共存疾病的巨大负担。在此,我主要想讨论糖尿病的问题。

使用常规病历的苏格兰国家数据库显示,对于糖尿病患者而言,仅患有糖尿病一种疾病的人数不到20%。事实上,65岁以下的人除糖尿病外,平均患有近3种疾病,而65岁以上的人则患有6.5种疾病。几乎所有的糖尿病患者(超过50%)都患有高血压——这是地球上最常见的慢性病。正如布洛克校长所提到的,心理健康也是一个关键因素,20%的糖尿病患者受其影响。

如果进一步细化人群分类,可以发现共存病症的发病与针对某种疾病的干预加剧另一种疾病恶化的情况屡见不鲜。疾病的预后效果如何?这一点非常重要,因为对于大多数重大疾病而言,最重要的预后因素是诊断问题的时间点。诊断时间越晚,预后就越差。

在COVID-19流行的早期,我们的一个小组检查了病历,以明确风险因素。这是一个非常庞大的开放和安全的数据库,最初覆盖了2800万人;在疫情快结束时,扩大至5600万人。该数据库发现了与COVID-19相关的风险因素,从中可以看到,社会经济剥夺是一个相当重要的因素,还有就是糖尿病和血液系统恶性肿瘤——这些疾病减弱了免疫反应。

我们在牛津还开发了一个名为QCOVID的风险计算器,包含有相当准确的统计功能,能够预测最有可能因COVID-19死亡或需要住院的人群。类似的工具在英国起到非常关键的作用,明确了COVID-19疫苗接种的优先次序,决定哪些人应优先接受治疗。目前,QCOVID用于识别人群中应接受单克隆抗体治疗的COVID-19感染者。

在采取高成本干预措施时,关键是要在最可能受益的人群中实现效益最大化,而预测算法为此提供了一种途径。基于数字化记录的研究,我们探索了有孩子的家庭是否会增加传播风险。有趣的是,在第一波感染出现时,答案是否定的。但随着德尔塔和奥密克戎变异株的出现,儿童变得更加容易感染,成为后续感染的重要宿主。此外,研究还发现了经济梯度问题,即穷人遭受不良后果的可能性更高。

关于常规电子病历分析的最后一个案例是行为改变。这一点可能相当重要。我们重点关注医生的行为变化,在临床记录系统中嵌入信息,为医生提供关于表现的信息反馈。同时,使用大量数据或一个简单的笑脸来比较单次的工作表现,看看他们到底做得怎么样。这一方法切实导致了行为上的改变。医生在获取信息后,趋于改变自己的行为,以期在未来达到更理想的状态。这些数据均来自地区汇总,研究了较大地理范围内全部医生的工作情况,并就他们对一种特定的简单干预措施的采用情况进行了评估,即在专利到期后用仿制药替换专利药物。当仿制药出现时,这种做法很常见。假设你是一位政策制定者,想要在政策层面对一项干预措施进行追踪,观察它产生的后果,你无须新建一套前瞻性记录系统,而可以利用临床医疗服务中现有的行为变化来确定干预是否有效。

接下来,我要谈谈因数字技术而得以实施的药物开发,它的好处已经在诸多领域得以证明。有趣的是,从常规病历获取的现实证据能够预测现有药物的新适应症。目前,我们正在研究格列净类降糖药——一种用于治疗糖尿病的钠－葡萄糖协同转运蛋白2(SGLT2)抑制剂,将其与GLP1受体拮抗剂在社区常规应用下进行比较,使用回顾性数据链得出的结果至关重要:病人因心力衰竭导致的住院情形大幅下降。同时,它也反映出一项主要临床试验的结果,该试验旨在判断心力衰竭是否为该药物的新适应症。有趣的是,即便效应量十分相近,但使用不同方法的相关成本却差异巨大。

我并非建议仅凭真实世界的证据试验就批准某种药物的许可。然而也许有一天,当预测几乎可以明确显示出某种关联性时,我们会考虑去这样做。因为在某些情况下,进行临床试验是不切实际的。例如,二甲双胍通常被用作糖尿病患者的心脏保护药物,但如果患者可能因出现严重的乳酸酸中毒继而导致心力衰竭,则禁用二甲双胍。尽管医生可能会犯错,但使用常规病历记录的流行病学研究却并未提示任何相关风险。事实上,美国食品药品监督管理局(FDA)正是基于这些数据记录链研究的证据,撤销了警告标签。

另一个有趣的案例是达比加群酯，它是第一代直接口服抗凝剂，在具有里程碑意义的 RELY 试验中，与华法林进行比较。经 FDA 授权进行了第二期真实世界证据（RWE）研究，目的是检测该药物在大规模使用后，其常规医疗实践与在试验中所观察到的特性是否有所不同。

在全部重要结果中，包括临床试验的主要转归——缺血性卒中，以及主要的不良事件——大出血，RWE 研究显示，两组临床试验之间的相对差异几乎一模一样。

不出所料，在 COVID-19 流行期间，我提到的相关试验、做法和数据库在用于临床实践后能够迅速重新定位，检测与 COVID-19 疫苗相关的风险事件发生概率。它甚至检测到，相较于 RNA 疫苗，接种 CHAdOx 疫苗后有人出现了罕见却有严重影响的脑静脉窦血栓，且这一情形有增加的趋势。而对于未接种疫苗的个体，出现我们所关注的不良事件的风险要高得多——大多数情况下，出现任一种不良事件的概率都要高十倍。

我要讲的最后一个方面，也是我们此前讨论过的，就是这些数字记录链系统有望改变我们的试验方法。

在 COVID-19 流行期间，我们重新调整了支持研究的全科执业网络，以便在英国开展重要的院外再利用药物试验。我们在 2020 年和 2021 年迅速报告了这些药物的有效性——其中一些药物在政客和公众当中很受欢迎。总的来说，社交媒体上热议的那些药物没有任何疗效。但我们也确实发现吸入型布地奈德——这是一种消炎药——是有效的，尤其是对于大部分未接种疫苗的人来说。在引入特定的 COVID-19 抗病毒药物后，我们开启了全景试验，研究新的抗病毒药物。

得益于针对 COVID-19 干预措施的随机试验，我们的研究大幅实现了数字化。患者可以直接参与牛津研究团队的招募，我们会直接接入临床记录，以便进行中心化的安全性评估。通过在线授权和中央药房，我们在患者确诊感染的当日迅速将药物送达。我们使用线上症状日志，关联国家临床转归数据库。并不是说我们的临床记录中没有采集这些内容——我们是有记录的，但这样一来可以通过国家数据库进行验证。对于某种急性病来说，招募患者参加临床试验无疑是一项挑战。但我们仍旧设法在4个月之内，招募了25000多名急症患者，创下了英国的纪录。Monupiravir组的结果已于数月前发表在《柳叶刀》杂志上，PaxLovid组的工作将于年底完成。

正如我此前所说，人工智能诊断是数字技术创新绕不开的一个领域，且在众多癌症诊断场景中显示出相当大的潜力。让我们来看看乳腺癌筛查的例子。该筛查系统源于英国的一个数据库，英国使用两名专业阅片者。该系统在美国的模型中进行了测试，美国往往只用一名专业阅片者，但两个卫生体系当中的专业人士都受过近20年培训。该系统在两套数据系统内曲线下面积的值都超过80%，对于医学诊断测试来说，结果是相当可靠的。然而，它并不完美。在某些情况下，专科医生会发现系统遗漏的癌症，反之亦然。因此，在包含专科医疗服务的高成本卫生体系当中，可以将人工智能系统作为专科医生做出诊断后的一种辅助工具。医生做出判断，然后再次检查，以防遗漏人工智能系统发现的东西。此外，他们还在仅有一位普通专业水平的医生进行阅片的卫生体系中进行了测试，结果显示，人工智能系统的表现超越了所有医生。在这类卫生体系当中，可以优先考虑使用人工智能系统，然后快速查看对结果是否有异议。换句话说，在这类专业程度较差的卫生体系当中，人工智能系统将占据主导地位，而其显著优点是能够全天候维持稳定的表现，且无须花上20年的时间来培训。

我还想强调数字医疗的另一个重大潜力，即通过使用可穿戴设备和即时诊断实现管理式医疗项目的转型。在牛津，我们围绕患者的自我管理开展了大量的工作，尤其针对高血压问题。高血压作为全球最常见的慢性病，极大地增加了卫生体系的成本。在研究中，我们为患者提供可靠的、经验证的医疗包，观察他们是否能够有效管理自己的病情。我们对患者进行培训，并给了他们可供长期使用的、经验证的数字化血压仪，以及用于解释测量结果的临床系统。结果显示，在6个月的试验干预期内，患者的血压下降了5毫米多汞柱，在试验结束时，血压下降了近4毫米汞柱。值得注意的是，当我们在第12个月重新查看数据时，数值非但没有反弹，还有所改善。从这个角度来看，血压下降5毫米汞柱大约相当于一半药量的影响，这在流行病学上有显著意义，能够减少不良终点事件的发生。更重要的是，试验证明，自我管理系统可以作为一种占优策略，由于减少了医疗保健服务的使用，它比常规服务更便宜，也更有效。

此外，技术也可应用于低成本环境。在南非的索韦托，由于当地卫生系统不愿使用药物，我们采用了一种简易的数字信息提示器。与没有收到任何服药提示的组相比，这一组受试者的收缩压降低了 4 毫米汞柱。

最后，谈及精准公共卫生，我们都听说过免疫疗法对医疗卫生服务产生了变革性影响，不仅仅是药物开发，还包括使用药物并产生能够说服医生使用这些药物的证据。以脂质修饰为例，它是心脑血管疾病最重要的风险因素之一。辉瑞公司生产的阿托伐他汀所掀起的他汀类药物革命意义重大，几十年来，阿托伐他汀稳坐世界头号药物的宝座。如今，我们有了单克隆抗体，每两周注射一次，降低低密度脂蛋白（LDL）的效果更明显。而小核糖核酸（SRNA）分子甚至更易于降低低密度脂蛋白，每年仅需接种两次疫苗。

但如何证明 SRNA 疫苗有效无疑是一项挑战，因为临床试验需要大量的受试者，若想证明其效果优于现有疗法，需要数十万患者参与。所以，这种规模的研究只能通过将创新制药公司和药物利用情况监测系统结合起来实现，将药物纳入常规医疗服务，尤其当这些药物具备适度的安全性，且针对脂质等替代终点时，其结果是可预测的。

我坚信，精准医疗大有裨益。治疗癌症的关键问题并非将其根除——这可能超出我们的能力范围，而是将癌症转化为可控的长期疾病。我们已经具备了一些潜在的工具，对出现症状的患者进行早期诊断。但精准公共卫生显然潜力更大，尤其是针对无症状人群筛查，例如采用新的检测方法以及考虑纳入目标基因图谱。

展望未来，我期待目前正在开发中的抗体不但能够治疗已有的癌症，减轻患者的负担，延长他们的寿命，还能够发现通过注射有针对性的疫苗帮助高危人群预防癌症的方法。我相信这将是未来医学的一个关键领域，而为了应对这一挑战，我们创建了牛津大学数字健康研究院。位于牛津大学中心的一栋地标性建筑里，有我们研究院一半的人员在办公。这栋建筑有着悠久的历史，它是

18世纪牛津第一家医院——拉德克利夫医院的门诊大楼。大约10年前,我们将它改造成一个研究所,但如今这里已经不够用了。还有一件值得纪念的事情就是,1949年前后,世界首例接受青霉素注射治疗就发生于此。此外,它还拥有全世界最早的急诊室之一。随着在数字健康领域的投资不断加大,我们正在重新开发这两栋废弃建筑。通过保留现有建筑结构,逐步探索碳中和的路径,我们的目标是实现净零发展。毗邻的一栋全新的信息科学大楼也正在规划当中。我们希望将工程师、计算机科学家、临床医生、卫生经济学家、统计学家和社会科学家聚集在一起。

我坚信,数字健康技术将彻底改变医疗卫生系统及其相关研究,政府、大学、商业化电子病历提供方和专利发明方之间的合作前景一片光明。

(作者声明:本文根据理查德·霍布斯教授在北京论坛(2023)上的主旨发言,由北京论坛秘书处翻译整理。霍布斯教授未能审阅中文翻译,因此无法保证其内容的准确性。如果有任何错误,在此深表歉意。)

气候变化的挑战

彼得·霍伊(Peter Høj)

(阿德莱德大学校长)

非常荣幸在北京论坛 20 周年之际发表演讲。论坛的成功要归功于所有与会者和组织者的贡献。祝贺北京论坛又举办了一次精彩成功的论坛。北京论坛提供了将不同文化和独特视角汇聚在一起的平台,这种多样性蕴含着知识和力量。我上次参加北京论坛是 2019 年,当时我谈到我们需要团结,尤其是在当前紧张的地缘政治背景之下,我也谈到了我们需要分享低碳技术,并且通过合作展现领导力,最大限度地减少全球变暖,减轻气候变化的影响。

我想在座的各位都会同意,自从 2019 年以来,整个世界已经发生了巨变,很多方面变得更加糟糕。但有一点从未改变,就是我们必须为应对气候变化带来的巨大挑战做出更多努力。现在,挑战变得更加紧迫。北京论坛的主题是"文明的和谐与共同繁荣",我们本着这一精神共同努力,找到解决大多数人都认为是世界上最大的现实和道德挑战之一的办法,我们就会更加坚实地达成一致,解决当前的问题。虽然我们的观点可能会存在差异。我们看到了各种各样不同的分论坛的主题,突出了论坛致力于通过多学科解决全球问题的承诺。跨学科和跨边界的合作拓展了我们的视角,并且丰富了我们对世界的认知,我们必须分享知识和技术,进而为我们共同面临的重大挑战制定解决方案。

在气候变化问题方面,我们共同承担责任和后果,我们需要共享解决方案。开展国际合作,汇聚知识和资源,有助于找到创新的解决方案,促进全球稳定。

我们都曾经经历过这样的例子，我们也看到了世界如何迅速团结起来应对全球新冠疫情大挑战。同时，我们也看到在几十年前就开始了相应的研究。今年，卡里科（Katalin Karikó）和魏斯曼（Drew Weissman）获得了诺贝尔生理学或医学奖，这是一个极好的例子，说明了具有远见卓识和雄心勃勃的合作性基础研究如何为长期的社会进步铺平道路，来自全球各地的顶尖病毒学家、流行病学家、疫苗专家、医生、社会科学家和公共卫生专家，将他们的精力集中在这个影响我们所有人的问题上。每个人都有自己独特的见解，大家齐心协力才能形成全面深入的理解，进而找到解决办法。在座的各位代表着世界各地的大学机构和组织，我们有能力，我认为这也是我们的责任，以研究为基础，解决我们现在所面临的问题。我们应该开展解决未来问题所需要的研究，并且提出解决方案。

我认为，解决全球气候变化问题，不仅仅是一项技术挑战，事实上大多数的新技术，最终总会超出我们的期望。例如在 20 年前，第一个人类基因组被测序，这项工作花费十年的努力，耗资 30 亿美元。现在，只需要花费不到一千美元，就可以在 24 小时内完成人类基因组测序。可再生能源方面的进展同样引人注目，基于 30 年前澳大利亚突破性的技术，太阳能电池板的价格变得非常实惠，至少下降 90%。10 年来，太阳能发电的价格也下降了大概 90%，海上风电的价格也是如此。现在二者的价格都比煤炭发电便宜很多，更重要的一点，我们还见证电池技术取得惊人进步。过去的 30 年，每千瓦时锂电池的价格下降了 97%。我想告诉大家，技术进步总是超出我们的预期，我们确实拥有技术工具包，可以成功地为下一代创造一个体面的世界。然而更加困难的是要改变政治意愿、政策、经济框架还有行为框架，从而充分地利用技术，让技术产生最积极的影响。在这方面，我们需要一个全球领导人合作网络来加快步伐，做大胆的中长期决策，学术机构必须协助他们，促进基于证据和见解的决策。大学不仅仅是学习中心和开展创新研究的中心，还必须成为世界积极变革的推动者，成为社区的积极参与者。我们可以成为凝聚社区的推动者，影响那些难以改变的结构和政策。这些结构和政策需要改变，以便有效应对气候变化。

我来自南澳大利亚州，那里是世界上最干燥的大陆，在这个州大部分地区都是以灌木和尘土飞扬的红土为主的干旱地带。南澳大利亚土地广袤，风和日丽，我们有很熟练的劳动力，也有优秀的研究项目，以及致力于成为全球绿色能源转型先锋的政府。我们是从排放大量的二氧化碳的发电方式向可再生能源发电转变的先行者。从2022年10月到2023年9月，其中282天我们整个州的电力需求有一部分由可再生的风能和太阳能提供。风能和太阳能提供的电量一年有1/4的时间超过了我们的需求。在短短16年多的时间里，南澳大利亚的电力结构已经从不到1％的可再生能源转变为超过70％的风能和太阳能，这得益于创新的电池存储技术。

经过预测，到2025年，南澳大利亚州的能源市场中，风能和太阳能这样的绿色供电可能提升到85％，最近有专家估计可以达到100％。南澳大利亚州政府的目标就是到2030年的时候实现100％可再生能源发电。到2030年，温室气体排放量比2005年减少50％以上，到2050年，我们将真正实现近零排放，这是我们的承诺。我们2023年成为绿色能源的净出口国。我们雄心勃勃地利用这些过剩的能源，寻求绿色的途径，减少工业排放。

随着不断发展，世界需要大量的钢铁，而钢铁的生产占世界二氧化碳排放量7％左右，澳大利亚约占全球炼钢用铁矿石出口量55％。同时，我们也是全球最大的冶金煤出口国。我们可以利用过剩的可再生电力制造氢，进而将铁矿石转化为绿铁，这是实现"绿色钢铁"的重要步骤。这种方式有两个优点，一是如果使用氢来制造绿铁，不必将液态氢运输到全球各地，输送液态氢很困难而且价格昂贵，风险巨大；二是购买绿铁的人不需要很多的冶金煤炼钢，这是双赢的结果。南澳大利亚州不仅拥有风能、太阳能，我们还拥有可以生产可再生氢的基础设施和技能，我们也是世界上最大的能够从水中生产能量的国家。

南澳大利亚州政府制定战略，旨在扩大可再生氢的生产，用于出口和国内的消费。我们开发了技术解决方案，同时还需要转变我们的政策、经济和行为框架。大学可以在其中发挥作用，我们可以超越技术，采取更多方面的努力。

我们大学发明的技术，使得我们从重工业变成低碳工业，这是非常好的转型。这个合作项目将产业界、研究人员和政府聚集在一起，开发和实施新的低碳技术，令世界经济受益。

这些例子的核心就是协作，与行业的强大合作伙伴合作，有助于确保研究成果转化成现实生产力，满足未来对生产力和劳动力的要求。我们也非常希望其他国家发展可再生能源，找到储存这些能源的方法。当前许多情况下，我们需要大量电池，我们需要找到新的方法来生产更便宜、更易用、更大存储量的电池。

在这个领域的国际合作非常强劲，我们大学的教授和其他大学的教授合作，在清洁能源储存和转化方面的里程碑式的工作已经得到了国际的认可。通过国际合作，他们开发了革命性的电催化工艺，开发对环境影响更低、更耐用的下一代电池技术，包括锂离子和钠离子电池，这些电池具有双重优势，一是使用成本更低的材料，二是完全避免了对关键矿物质的需求。我们都知道现在这些关键的矿物质在全球非常稀缺。还有非常多的跨大学的合作都起到了重要作用。现在还有很多其他联合研究和培训的例子。今天，当我们谈论通过跨学科合作应对复杂的全球气候变化的挑战，以促进全球的繁荣稳定，在我看来，我们需要改变思考气候变化对地球影响的方式。

今年北京论坛的主题是"传承与互鉴"。很多人说我们从祖先那里继承了地球，这种看法是错误的。相反，我们应该表现得好像是我们从孩子那里借来了这个星球，我们需要归还给孩子们。归还的时候，地球的状态应该比我们从他们那里借来的时候更好，如果你借给朋友一样东西，比如说崭新的自行车，不会希望他们还回来的时候是生锈的废铁。作为地球的守护者，我们对孩子负有道德的义务。道德的另外一种不公平，就是历史上排放最少的人遭受气候变化的影响最大，因为这些人没有适应和缓解全球变暖的经济能力和技术能力。

我刚才说的一点可以说是双重不公平，历史上造成全球排放最多的人，也是拥有财富和资源来更好地应对这一问题的人。总的来说，我们需要共同努力，让我们的行为，让我们的经济、政治和技术环境更加正向，才能真正朝着好的方向推进。如果我们要避免双重不公平，努力使地球上 80 亿居民能够更加和谐地共存，这项任务迫在眉睫。我鼓励今天在座的各位，发扬北京论坛的精神，将论坛期间产生的想法和解决方案落实到我们自己的领域，以及我们的社区。

感谢所有的参与者、组织者、赞助商以及合作伙伴对北京论坛理念的奉献和承诺,我相信,我们都致力于通过全球合作来实现北京论坛"文明的和谐与共同繁荣"的目标。同时,让我们实现应对气候变化的目标。

为绿色公共交通导向型开发设计更好的机制

潘淑莹

（新加坡管理大学经济学院教授）

2022年，由化石燃料和工业产生的二氧化碳排放量约为370亿吨，比1950年（50亿吨）增加了七倍，导致地球温度比19世纪末升高了1.2℃。作为全球气候合作的一项重大突破，194个国家于2015年达成《巴黎协定》，同意努力"将气温升幅限制在高于工业化前水平1.5℃之内"，并要求全球温室气体排放量最迟于2025年前达到峰值，到2030年下降43%，并于21世纪中叶达到净零排放。截至2023年，全球已有140多个国家承诺到2050年实现净零排放目标，中国承诺到2060年实现该目标。全球碳排放主要来源于能源部门，其中交通和建筑领域的碳排放量占全球排放量的三分之一以上。城市的排放量占全球排放量的70%，在各国政府宣布净零排放目标后，需尽快采取措施向绿色低碳型城市转型。

各国政府制定了多种多样的脱碳政策，包括国家目标、绿色金融框架、碳排放税、碳排放交易系统和能源政策。此外，各省市政府在能源、交通和建筑方面采取的地方性举措，对于向净零碳排放转型同样重要。

绿色公共交通导向型开发（GTOD）包括低碳交通、绿色建筑和公共交通导向型开发（TOD），是一种为实现城市脱碳目标而制定的解决方案，本文将重点讨论如何为绿色公共交通导向型开发设计更好的机制。首先，我将定义什么是绿色公共交通导向型开发，讨论现有的绿色建筑和交通政策，然后探讨如何设计更好的机制来实现绿色公共交通导向型开发。

绿色公共交通导向型开发的定义

绿色公共交通导向型开发一词的起源可追溯到2011年伯克利加州大学学者的一篇文章,他们将绿色公共交通导向型开发描述为公共交通导向型开发与绿色城市主义的融合。绿色公共交通导向型开发在减少项目环境足迹方面比公共交通导向型开发和绿色城市主义单独达到的效果更有效。作为案例研究,他们研究了瑞典、德国和澳大利亚的四个城市改造项目,这些项目的特点是包含有轨电车、中层街区和混合土地利用。与这些研究案例形成对比的是,东亚的特大城市已经将高密度绿色建筑与大众捷运系统相融合,这主要涉及21世纪头十年完成的新千年绿地绿色公共交通导向型开发项目。

绿色建筑和公共交通导向型开发的现有政策

为实现绿色公共交通导向型开发,城市政府虽然可以在许多方面对绿色建筑和低碳交通实施规范、激励、扶持和融资的干预性政策,但由于许多城市的绿色建筑和公共交通导向型开发项目分属政府不同监管领域,相关政策仍需由不同的政府机构(通常隶属于不同部委)负责制定。

为评估建筑性能和建立评价标准,一些国家开发了绿色建筑评级系统。例如,美国采用的LEED系统目前已在全球广泛使用,其他一些评级体系包括英国的BREEAM、日本的CASBEE、新加坡的Green Mark、香港的BEAM Plus、澳大利亚的Green Star和中国的Three Star。此外,一些国家还通过立法,规定新建建筑和翻新建筑必须达到最低能效标准。然而,由于环境背景和社会政治气候不同,世界各地的绿色建筑标准和立法的严格程度也大相径庭。

欧盟(EU)在建筑物能效标准方面处于世界领先地位。欧盟设定了一个紧迫的期限:到2028年1月1日,所有公有建筑必须实现化石燃料的零现场排放;到2030年1月1日,所有其他新建建筑必须实现零排放;针对现有建筑也制定了明确的时间表,目标是到2050年,欧盟的所有建筑都将实现零排放。

相比之下，美国的绿色建筑法规因各州和地方而异，较为分散。美国和欧洲都制定了若干激励措施来推广绿色建筑。在新加坡，为了实现更高的能效标准，政府除了要求新建建筑必须按照绿色标识计划达到最低能效标准外，还对开发商采取额外的总建筑面积（GFA）激励措施；对于现有建筑，政府则通过资助和激励计划来补贴业主改造建筑所需的资金成本。

此外，在交通运输方面，中国的城市轨道交通系统自进入21世纪以来发展迅速，目前已有近50个城市发展了城市轨道交通系统。尽管城市轨道交通系统是一种比汽车更环保的交通运输方式（尤其是当使用可再生能源运营时），但其建设和运营成本却非常高昂。据估算，2030—2050年，中国轨道交通的投资额将超过4000亿美元。因此，需要为城市轨道交通系统精心构建长期弹性的融资框架。在这方面，中国建立了健全的公共融资和旨在促进公私部门联合融资的政府和社会资本合作框架，土地价值获取（LVC）就是城市轨道交通的重要融资来源之一。

城市轨道交通系统提高了车站周边的土地价值，世界银行和亚洲开发银行等机构普遍认为土地价值获取是一种有效、公平的城市轨道交通系统融资方式，因此城市战略规划部门有义务做好城市轨道交通融资工作。城市规划者在此过程中扮演着极其重要的角色，他们不仅负责规划土地使用和交通运输，还负责为城市轨道交通融资制定土地价值获取战略。

日本和中国香港的城市轨道交通系统非常成功地采用"轨道加物业"模式为其公共交通导向型开发提供资金支持。仅在东京就有多家"轨道加物业"企业集团，而香港地铁则利用在香港的垄断地位，因成功的公共交通导向型开发而闻名于世。在新加坡、深圳、伦敦和悉尼，尽管政府并没有明确采用"轨道加物业"的综合模式，但城市规划者制定了有效利用土地价值获取为城市轨道交通线路融资的战略规划。

目前，实现城市向净零排放转型仍面临一些挑战，例如庞大的现有老龄建筑存量，因业主不同意重新开发而导致的僵局和异议，以及绿色改造和建设地铁系统的高成本。要想实现城市零排放目标，找到解决这些问题的办法至关重要。

为绿色公共交通导向型开发设计更好的机制

需要明确公共交通导向型开发与低碳政策和高质量绿色城市发展之间的联系,而不是将绿色建筑和交通部门孤立起来。城市规划者扮演着战略角色,需要与土地使用规划者、交通机构、建筑监管部门、电力部门和环境机构密切合作,更加自觉地将公共交通导向型开发与绿色城市发展有机结合起来。我将以新加坡的经验为例,讨论可改进完善公共交通导向型开发的相关战略,即战略性地方营造、可再生能源采购和大型项目的风险分担。

从土地重划到战略性公共交通导向型开发的地方营造

土地价值会随着城市化进程的加快而大幅增加。目前存在多种类型的土地价值获取评估工具,各国采用的方法也不尽相同,包括土地开发费、开发商义务、基础设施税、土地重划和战略性土地管理。

土地重划作为土地价值获取的一种方法,在东亚得到了普遍应用。传统的土地重划模式包括将分散的土地集中起来,要求所有者转让部分土地供公共使用,并作为储备土地出售,以支付项目成本。当由公共机构执行时,执行者可行使法律权利征用土地;当由私营机构执行时,则需要获得原土地所有者的多数同意。

要使土地重划在实现公共交通导向型开发方面发挥重要作用,需要不断发展完善现有的框架政策。当城市依赖于现有的土地重划框架时,这一过程可能会被推迟,甚至根本无法实现。还有更为复杂的情况,比如业主数量众多的老旧建筑,东亚公共交通导向型开发的大规模性和复杂性,确保高质量绿色城市发展项目的必要性,这些都需要战略改进、协调促进和加大投资力度。

作为综合性利用的一个实例,新加坡的土地使用规划机构城市重建局(URA)于2019年推出了一项战略发展激励计划,其目标是鼓励推进战略区域内的旧楼重建为新的、大胆创新的开发项目,从而积极改变周边的城市环境。我们可以将官方声明理解为鼓励推进战略区域内(地铁站附近)的旧楼(多重所有权)重建为新的(绿色)、大胆创新的开发项目(混合用途),从而积极改变周边的城市环境(公共空间)。该计划将相关法规(土地使用法、绿色建筑法、集体出售投票机制)、业主激励政策(额外密度)与土地价值获取(通过增值税框架实现)进行了有机结合,城市重建局希望该计划能够激励私营部门提出具有创造性和可持续性的街区改造建议。

整合屋顶太阳能采购需求

作为脱碳工作的一部分,公交公司已开始在电动公交车和火车上安装太阳能电池板。上海和德里的铁路公司也通过在车站屋顶和高架桥上安装太阳能电池板来减少公司的碳足迹。德里地铁公司与800公里外邻邦的一个超大型太阳能园区签订了购电协议,这一双边协议使地铁公司和太阳能园区公司都获益。

除了现场太阳能发电和双边购电协议之外,屋顶太阳能作为另一种潜在的可再生能源也日益得到认可。据估算,北京市区每年屋顶太阳能光伏发电潜力为15.4 TWh,相当于北京用电量的21%,这仅仅是北京总潜力的下限;中国的屋顶发电潜力为每年3270 TWh,接近2020年中国总发电量的一半。

中国屋顶太阳能光伏发电安装量增长迅速,每年都在刷新纪录。如果对屋顶太阳能潜力的估算是正确的,那么进一步增长的潜力仍然巨大。然而,屋顶太阳能项目也面临着诸多挑战——政策和监管具有不确定性、屋顶所有权和租赁问题、有限的融资、公用事业和第三方开发商面临着风险,因此打造新的创新商业模式将有助于加快屋顶太阳能发电领域的发展。

拿新加坡来说,70%的住房是由住房发展局(HDB)负责建设的。个人住房出售给房主,而屋顶空间则属于住房发展局。受政府委托,住房发展局负责整合公共部门的需求,在住房发展局所属建筑和政府办公场所安装太阳能电池板。2011年,住房发展局引入了太阳能租赁模式,由私营太阳能开发商设计、融资、安装、运营和维护太阳能电池板系统。2014年,完成首次太阳能设备租赁招标,系统开发商负责承担全部安装费用。之所以能够做到这一点,一方面是因为住房发展局拥有屋顶所有权,另一方面是因为在学校、政府大楼和医院等政府机构之间进行需求整合实现了规模经济。目前，第八次太阳能租赁招标已于 2023 年启动。

2021 年，中国国家能源局发布了不同类型建筑物的太阳能安装规定，导致分布式太阳能快速增长。太阳能屋顶需求整合的新模式正在演变，由公用事业公司作为整合商、第三方开发商作为安装和运营服务提供商的模式已在美国进行了测试，并正在印度各邦进行试点。在绿色公共交通导向型开发领域，地铁公司可以考虑与第三方屋顶太阳能项目开发商签订购电协议，由公用事业公司和政府共同推动确立需求整合框架。

大型绿色公共交通导向型开发项目的风险分担

由于新加坡的土地非常有限，600 万人口仅能使用 700 平方公里的土地，新加坡政府非常重视利用土地价值获取来加快项目发展，政府土地出让计划（GLS）就是实施土地利用规划和土地价值获取的有效工具。在政府土地出让计划下，要求开发项目必须达到最高的绿色标志标准（目前为超低能耗白金级）。尽管对绿色质量的高标准要求可能会导致售地收入降低，但是环境效益要大于经济效益。

新加坡政府在确定政府土地出让发展项目的规模时，也考虑到了这样一种风险，即如果一个非常大的开发商倒闭，可能会对金融部门和其他经济领域产生系统性影响。鉴于 1998 年亚洲金融危机的经验教训，这些担忧是有道理的。需要认识到，具有系统重要性的公司或企业集团的规模会因国家或城市的大小而异；同时，一定要在投标阶段采用充分的竞争机制来减少明示或暗示串标的机会。因此，通过限制单个政府土地出让地块的规模既能促进竞争，又能防范系统性失败的风险。一般白地的总建筑面积小于 160000 平方米，非土地私人住宅发展项目的规模约为 400 至 500 单元，而酒店用地则以 400 至 500 个房间为上限。

然而，大型地块具有对环境产生重大影响和改变的优势。全球城市中的此类地块包括伦敦的金丝雀码头、东京的六本木新城和上海的天汇 TOD TOWN。大型地块允许开发商采用更全面的方法来实施大型综合绿色开发项目。开发商在开发过程中，从总体规划、用途组合、分期建设到资产管理、品牌推广和竣工项目的销售,都有更大的自主权。

当然,开发商面临的风险也更高,这包括商业周期变化、供求波动、利率上调、建筑成本增加、政策法规变化、租户竞争等。开发商在确定竞标地块和土地投标价格时,需要考虑所有上述风险以及对冲或防范这些风险的成本。

新加坡城市重建局认识到大型地块的益处,为大型地块制定了一项单独的计划——"总体开发商计划"。在新加坡,大型地块是指总建筑面积(GFA)超过160000平方米的地块。滨海湾金融中心(MBFC)就是一个大型开发商地块的实例,该绿色公共交通导向型开发项目占地3.5公顷,总建筑面积为438000平方米。为了维护开发商的利益,滨海湾金融中心采取了一些降低风险的措施:灵活的付款计划、有选择权的投标方式以及较长的项目竣工期。

详细说来,对于滨海湾金融中心一期项目,中标开发商必须至少完成总建筑面积100000平方米。选择期是指开发商必须行使其购买一期未占用地块权利的期限。市建局为此提供了6年、8年和10年三种选择期限。行使选择权的执行价格与50%中央商务区商业用地平均增值税变化率相挂钩。在6年、8年或10年的选择期内,选择费分别为剩余土地价格的6%、8%、10%,这也意味着开发商可以不行使购买剩余土地的选择权。同时,为了激励开发商购买后续阶段的土地,只要行使了选择权,部分选择权费用(上限为地价的3%)可用于抵消后续阶段的地价。

结论性意见

总之,实现净零排放不仅需要转型变革,也需要巨额投资,要改进和完善城市现有政策、制定综合性创新性政策,为低碳城市再开发提供便利和资金支持。本文讨论了在绿色公共交通导向型开发方面需要改进的三个领域:从土地重划到战略性绿色公共交通导向型开发项目的地方营造,从个人屋顶到公用规模的太阳能需求整合,以及从最高价土地竞标到超大型绿色公共交通导向型开发项目的风险分担安排。诸如北京论坛之类的国际会议将有助于促进思想和知识的交流,为实现净零排放的世界提供可行的解决方案。

全球经验教训:如何建立全球卫生社区

毕杰恩(Gene Block)

(洛杉矶加州大学校长)

过去几年发生的事情提醒了我们,传染病和其他健康问题并不局限于国界或地理界限。从某种程度上来说,根据世界互联的现状,全球性健康问题难以通过单一的国家卫生组织和政府得到有效解决。这些问题往往不是孤立的,而是全球性问题。

同时,这也意味着高等教育机构有了介入的机会,可以通过展示自身价值,为全球性健康问题提供有力的解决方案。在我们的国家机构当中,高等教育机构可能是彼此联系最紧密的,因此提供了特别的机会:大学汇集了最优秀的问题解决者,他们来自不同学科、国家和地区,本着为公共服务的精神通力协作。

这对于处理心理健康治疗、传染病传播以及改善空气质量等公共卫生威胁的关键性问题大有裨益。大学在这方面能够发挥重要作用。今天,我将同大家分享三个案例,了解高等教育机构研究人员和实践者在解决复杂问题时是如何进行战略协作的。第一,通过跨学科合作和国际伙伴关系;第二,通过社区参与和倡导;第三,通过"全球本地化",即全球和本地相结合,既要扩大本地倡议的全球影响力,也要有意识地用所习得的国际经验教训应对本地挑战——全球与本地实现有机结合。

正如我提到的,健康问题是多方面的,因此,解决之道必须跨越学科、跨越国界。这是高等教育机构的基础工作。大学拥有各种学术部门的丰富资源以及能力出众的研究人员，有助于促进健康科学家、社会科学家、工程师之间开展合作。大学是最优秀的跨学科团队召集者，是全球实验室、社区和医院分享工作成果的最佳平台。大学因其多学科的特质而具备非凡的影响力。

来自世界各地的患者求助于洛杉矶加州大学（UCLA）的卫生系统，寻求复杂的、能够拯救生命的护理服务，团队合作和创新是治疗这些患者的必要条件。治疗一位患者需要了解涉及健康的诸多因素。所以，UCLA 的大卫·格芬医学院和萨穆利工程学院通力协作，研究骨科、生物工程、机械和航空航天工程等领域，涵盖从 3D 打印和个性化植入物到生物材料、药物运输和机器人技术的全部内容。没错，这也是在为大学做宣传。我们确实有能力成就伟大的事业。

在 UCLA 一项名为"抑郁症大挑战"的倡议中，这种团队协作的方式也拓展至心理健康治疗和精神病学实践。该倡议旨在解决影响诸多个人和家庭的全球性心理健康问题。事实上，在全球范围内，导致残疾的一大元凶正是抑郁症。目前，50% 接受抑郁症治疗的人仍然抑郁。更令人揪心的是，全球每年因抑郁症自杀的人数超过 100 万。这是一项异常艰巨的健康挑战。为了防止悲剧发生，为了治愈我们周边的人群，"抑郁症大挑战"尝试从多个专业领域研究有关抑郁症——我们尚不完全了解的疾病——诊断、治疗和教育的方法。

除了跨学科之外，我们的工作还跨越国界。谈及跨境协作，近期最典型的案例便是来自全球的研究人员齐心协力，迅速找到预防和控制新冠疫情传播的方法，开发出有效的 COVID-19 疫苗。

在 UCLA，菲尔丁公共卫生学院的团队领导了一个精英小组，由我们的继续教育项目、UCLA 扩展项目、加州公共卫生部和旧金山加州大学组成，共同开发了一个虚拟培训学院，重点关注接触者追踪等疫情响应技术。我们开发的框架可以实现全球共享。培训从加州开始，很快就拓展至全球各地，在亚美尼亚、玻利维亚、哥伦比亚、智利、厄瓜多尔和秘鲁均得到广泛应用。

这一由教授、员工和学生组成的团队通过基础公共卫生战略、培训和规划，协助他国有效遏制了 COVID-19 的传播。此外，学习网络小组实现了对公共卫生人力资源的快速部署，以应对新出现的以及未来的全球卫生紧急事件，必要时，仅具备有限卫生知识或毫无相关经验的个人可随时随地通过培训行动起来。

除COVID-19之外，这一全新的能力在未来可满足任一公共卫生需求。事实上，我们已经制定了灵活的培训计划，除了当前的疫情，还可适用于多种情况。当我们召集大家共同应对全球健康挑战时，要牢记，只有当我们的合作伙伴积极满足所服务的本地社区需求时，效率才是最大化的。没有人比社区成员更了解自己的社区，而这些人有助于发掘最具影响力的解决方案，明确所需的政策变化，支持基层倡议，以确保落实解决方案。

我们的学者为解决近期加州猴痘危机所采取的做法是以社区为中心开展工作的实例。小组成员包括UCLA鲁斯金公共事务学院社会福利学教授伊恩·霍洛威（Ian Holloway）教授、执业临床社工以及南加州艾滋病政策研究中心和加州大学系统内的其他大学。

当猴痘疫情出现时，该小组利用现有的卫生服务，加强战略伙伴关系，开发新的网络，制定有针对性的社交媒体策略，防止疫情传播并加强疫苗接种。研究人员与南加州本地社区伙伴合作，确保有关传染病的科学研究被翻译成易于理解的语言。将这些信息传达给社区成员至关重要，这样一来他们就知道该如何接受护理、如何保护自己。关键就在于信息传递和与本地社区合作。小组会在活动、节日和其他本地集会上宣传这些信息。得益于霍洛威教授、研究伙伴和其他合作者已经同本地社区建立了紧密的联系，当地民众能够实现快速响应。他们迅速开展行动，动员社区伙伴落实解决方案，并教育民众。

与此同时，南加州应对猴痘疫情的案例也表明，我们需要在全球范围内分享本地实践的经验教训，并妥善应用从世界各地其他社区实践中获得的经验教训。安妮·瑞摩恩（Anne Rimoin）博士在刚果民主共和国和中非的长期工作经历为加州应对猴痘疫情提供了宝贵的信息，极大地提升了危机的处理效率。瑞摩恩博士作为流行病学的首席研究员和猴痘问题专家，立即在加州发起了一项研究，观察疫苗的效果——一位在非洲工作的专家将其经验应用到了美国国内。

得益于这项研究、瑞摩恩博士在非洲的长期工作经历、加州卫生咨询委员会的部署以及霍洛威教授铺设的网络,多管齐下,加州的快速响应有了资金保障。该案例有助于我们研究如何快速、有效地应对健康挑战,这只是众多例证之一,我们从中可以看到,全球伙伴关系与合作对处理全球性健康问题的重要性。

在相当长的一段时间里,UCLA研究人员与中国的公共卫生专家们一直保持着友谊与良好的合作关系。在此,我想特别强调一下这种关系。2016年,UCLA流行病学家罗杰·德泰尔斯(Roger Detels)博士在北京荣获了中国政府友谊奖,以表彰他的突出贡献——三十多年来,德泰尔斯博士通过他设立的UCLA-福格蒂艾滋病国际研究和培训项目,有效控制了艾滋病在中国的传播。COVID-19、猴痘和艾滋病的案例均表明,健康问题及其解决方案同时具备全球性和本地性两种特征。

关于建立全球和地方联系的必要性,我想分享的最后一个案例是为改善空气质量所做的大量工作。空气质量差是导致民众过早死亡的首要风险因素之一,儿童哮喘、肺功能下降、心血管疾病和不良出生结局也与之相关。

20世纪六七十年代,洛杉矶严重的雾霾和糟糕的空气质量使它沦落为全球污染最严重的地区之一。我还记得20世纪60年代去加州旅行,那时候几乎很难看清洛杉矶市中心,因为雾霾太严重了。而之后的几十年里,洛杉矶的人口大约翻了一番,能源消耗渐长,车辆行驶里程增加了两倍,但空气质量却得到了显著改善。

UCLA菲尔丁公共卫生学院为解决这一严峻的公共卫生威胁做出了重要贡献。来自世界各地的代表纷纷向洛杉矶学习,高校研究和专家意见为政策变化提供了必要信息,为监管机构指明方向,比如加州空气资源委员会的政策,该委员会为支持新技术和落实减排措施制定了全球公认的标准。

值得庆幸的是,这些改进措施不仅局限于洛杉矶,北京也将其经验教训化为己用。截至2021年,中国的空气污染水平较2013年下降了42%,空气质量显著改善。这些年来,我多次前来北京,当然注意到了这些变化。

为引导政策制定者颁布有助于北京净化空气的改革措施,已进行了大量工作。UCLA环境科学教授朱一方博士与北京大学研究人员也在这一问题上通力协作。改善空气质量是跨国界、跨学科的全球性健康问题的一个鲜明例证,需要本地社区合作与投入,并通过政策变革来实现。此外,从本地倡议中所汲取的经验教训也可用于应对全球其他社区面临的类似挑战。这足以证明,本地方案有助于解决全球性问题。

今天,能在此探讨我们所有可行的合作方案,我深表感激。对于应对重大健康挑战,无障碍地分享信息至关重要,我们可以守望互助。

众说企业社会价值:ESGame 测试的中韩比较

杨东宁 （北京大学光华管理学院副教授）
姜郑涵(Kang，Jeonghan) （延世大学教授）
柳美铉(Yoo，Miyun) （韩国社会价值研究院博士）

一年前,我们共同发起了一项名为 ESGame 的关于企业社会价值[环境(Environment)、社会(Society)、治理(Governance),简称 ESG]的研究项目。在研究过程中,我们发现了一些颇具启发性的成果。通过我们的分析,个人的 ESG 理念可以分为七种类型,具体内容见表1。

表 1　七大 ESG 类型分类

编号	分类	主题	说明
1	EEE	重视环境	对整个环境特别关心
2	ENG	关心"我"和环境议题	关心对"我"有直接影响的环境
3	ENS	环境和社会正义	环境和社会都很关心
4	SSE	相比环境,更重视社会正义	对整个社会特别关心
5	SNG	重视自身的利害关系	关心"我"和社会议题
6	GGS	重视公正、透明、正义等社会系统、结构/制度	对公正性、透明性等治理领域方面的议题非常关心
7	ESG	世界公民/ESG 平衡	相比自身和国内议题,对国际议题更加关心

ESG 理念的深入探讨

ESG 究竟是什么？它的结构内容如何？普通人能否感知并评价这些问题？我们认为，中国人可能对此有一定的直觉，因为我们已经熟悉了德、智、体全面发展的"三好"标准，即所谓的"三重底线"。

我们采用了一种巧妙的方法，仅从 ESG 的三个主题中各选取了五条表述，共计 15 条作为研究题目（见表2）。然而，若要进行专业的 ESG 评价，所需的指标远不止这 15 条。比如，在您看来，哪一条最能定义一个具有良好社会价值的企业？或者，作为求职者，您愿意为哪家公司工作？尽管仅有 15 条指标，但这已经超出了我们大多数人的认知能力。我们已有超过 20 年的研究经验，但面对如此复杂的评价体系，仍然感到力不从心。

表 2 ESG 各领域应答题目

E（环境）	S（社会）	G（治理）
能源消耗更少的企业	残疾人雇用比例高的企业	董事会多元化程度高的企业
减少温室气体排放的企业	职业伤害事故预防措施完善的企业	反贪污腐败的企业
使用可再生能源的企业	努力改善工作生活平衡的企业	积极披露公司必要信息的企业
减少浪费的企业	与合作伙伴共同成长的企业	合理地进行绩效评估和奖励的企业
减少水污染的企业	为当地社区做出贡献的企业	为全球性问题做出贡献的企业

当前，信息量日益增加，我们的选择变得更加困难。为了简化决策过程，我们采取了一种创新的方法：从这 15 条题目中两两组合，呈现给受试者进行选择。虽然分析过程可能稍显复杂，但通过 10 次随机的配对选题，我们能够得出类似于前述的 ESG 类型分类。

公众对企业社会价值的期待

我们的研究发现(表3),公众普遍认为那些努力改善工作和生活平衡的企业是当今社会最为需要的。此外,使用可再生能源和为当地社区做出贡献的企业也受到了高度推崇。在中国的数据中,排名前十的问题的选择率都在50%以上,这表明公众对这些问题的意识已经相当高。

表3 社会更加需要的企业调查结果

排名	问题编号	问题内容	选择比例(%)
1	S3	努力改善工作生活平衡的企业	58.8
2	E3	使用可再生能源的企业	57.8
3	S5	为当地社区做出贡献的企业	56.3
4	G4	合理地进行绩效评估和奖励的企业	55.0
5	S2	职业伤害事故预防措施完善的企业	54.0
6	G5	为全球性问题做出贡献的企业	53.8
7	E5	减少水污染的企业	53.5
8	S4	与合作伙伴共同成长的企业	51.4
9	E2	减少温室气体排放的企业	51.3
10	E1	能源消耗更少的企业	50.0
11	E4	减少浪费的企业	46.0
12	G3	积极披露公司必要信息的企业	44.6
13	G2	反贪污腐败的企业	43.9
14	G1	董事会多元化程度高的企业	37.6
15	S1	残疾人雇用比例高的企业	36.3

即便是排名最后的残疾人雇用比例高的企业,选择率也超过了36%,显示出公众对此议题的高度关注。

个人对就业企业的期待

在选择希望工作的企业类型时,公众的偏好与社会对企业的期待大致一致。主要的差异在于，那些合理进行绩效评估和奖励以及职业伤害事故预防措施完善的企业得到了更多的重视。

ESG 问题的多样性与企业可持续发展

我们认为，对于任何企业而言，要想实现真正的可持续发展，必须全面考虑所有的 ESG 问题，并找到最佳的组合方式以达到最优效果。通过比较中韩两国的调研结果，我们发现两国的基本模式并无显著差异。

中韩公众对 ESG 问题的关注差异

在考察人们选择 ESG 问题的离散度时，我们发现中国人群的选择离散度较低，而韩国大众在选择这些问题时表现出更大的差异。此外，治理议题在中国的整体关注度较低，但在某些单项上，如评估奖励等，关注度较高。

ESG 类型在中韩的差异

在韩国，ESG 平衡型是最常见的类型，其次是 EEE（重视环境）和 SNG（更关注社会）。而在中国，ENS（更关注环境）类型最为常见，ESG 平衡型紧随其后。

人口统计学特征对 ESG 问题关注的影响

从性别和年龄等人口统计学特征来看，中国的公众普遍更关注 S（社会）和 E（环境）议题；特别是在 35 岁至 45 岁的年龄段，对 S 议题的关注度更高。而在韩国，20 至 30 岁的年轻女性对 E 议题的关注度更高。韩国男性相较于中国男性，更关注治理议题。

结论

两国公众对企业社会作用的期待是相似的，这为相互认可提供了基础。在环境和治理方面，两国有着更大的相互学习和促进的潜力。

正如 MBTI 测试指标一样，我们未来还需要深入研究结构效度，以及更广泛的内外部效度和信度问题。作为一种自外而内、自下而上的评价方法,我们对这种方法的发展前景持乐观态度。

最后,我们相信每个人都有超越现有组织边界的潜力,能提供新的想法和创意。正如俗语所说,"一个村庄的共同努力才能养育一个孩子",我们越来越需要动员全球范围内的社群共同努力,以促进企业创造的社会价值和带来的社会发展。

SK Telecom 的企业社会价值管理经营

李准豪(Lee, Joonho)

(韩国 SK 电讯 ESG 推广部门副总裁)

  SK Telecom 自 2018 年起已连续五年对企业自身的社会价值进行衡量,并在间接经济、社会和环境等三个领域对其进行测量和管理。SK Telecom 自主开发了企业社会价值测量的指标和测量所需要的算式,对企业的社会价值进行货币化测量并将其反映于组织内部的 KPI。公司和员工的社会价值创造意识和水平逐年提高,每年都在开发新的指标。

  社会价值测量体系中的间接经济社会价值是指就业、纳税和股息等。这些是公司重要商业活动成果的表现,企业通过就业、纳税和股息的方式间接为我们社会的利益相关者创造的价值是不容忽视的。

  接下来是环境领域的价值,主要是关于公司的产品和服务对环境有着什么样的影响。很遗憾的是,电力使用过程中会产生温室气体排放,对环境产生不好的影响,因此我们在环境方面的整体绩效仍然是负值。SK Telecom 也在通过各种尝试和努力,不断探索减少温室气体排放的解决方案,以期减少对环境的负面影响。

  最后是社会领域,可以看到产品和服务方面的绩效持续增加。此方面的业绩与公司的主营业务直接相关,我将通过下面的具体案例来介绍 SK Telecom 如何创造社会价值。

关爱弱势群体，创造社会价值

韩国目前面临着老龄化这一重大挑战，失智症和单身家庭是伴随着韩国老龄化问题而来的主要议题。

随着独居人口日渐增多，核心家庭（小家庭）的比例逐年上升。如果独居的老人在家中发生事故，除非有人碰巧来访，否则很难被发现并获得相应帮助。您听说过孤独死吗？有人去世了，但却没有人知道。尸体无人发现，可能要几个月后才会被发现。这是一件何其悲伤的事情，我们公司思考如何利用 SK Telecom 的技术能力来解决这些社会问题。

韩国中央政府和地方政府雇用专人定期拜访独居老人家。定期访问固然是好，但随之而来的费用却很高，也需要花费很多的时间。难道我们就不能通过科技手段来解决这一难题吗？我们利用公司拥有的通讯和 AI 技术，通过在 AI 产品中植入 AI 通话的功能，为用户提供名为"AI Care"的服务，填补了这片空白。

2019 年至 2022 年期间，已有约 670 名独居老人受益于"AI Care"服务，在险境中获救。"AI Care"的服务大概是这样的。比如说，老人在洗手间意外滑倒。由于老人的骨质相对脆弱，老人比年轻人更容易出现意外事故，摔倒后也容易导致骨盆骨折、膝盖骨骨折、手臂骨折等事故。发生意外后，大多数老人很难靠自身的力量起身或移动，这时，老人只需要对扬声器大声喊出："阿莉雅，帮忙！"我们的控制中心提供每天 24 小时不间断的监听，得知事故发生后，会立即拨打 119 求救电话。截至目前，通过该项服务获救的约有 670 起案例，得益于我们的 AI 音箱服务，能够将这些人迅速送往急诊室进行救助。若没有这个系统，这些人很有可能由于长时间未被发现而无法得到帮助。如果是以前的话，有可能需要一周或者一个月后才会被发现。

我们还有一个名为预防失智症的项目，AI 音箱还配备了有助于预防失智症的程序。老年人可以使用音箱轻松进行认知强化训练，借此降低患失智症的可能性。SK Telecom 正在致力于通过 AI 技术的产品和服务来实现社会价值。

通过这些业务，我们不仅实现了社会价值，也实现了经济价值。我们向地方政府出售我们拥有的扬声器产品和通信服务等。虽然经济利润不大,但是意义重大,因为这项工作不仅通过善意的工作创造了社会价值,而且创造了经济价值。

与预防犯罪相关的社会价值

中国的电话短信诈骗很猖獗,电话诈骗和语音网络钓鱼在韩国也是一个严重问题。SK Telecom 提供了专门的响应团队来接受此类诈骗电话的客户反馈,并采取大量预防措施,以防止消费者成为此类诈骗的受害者。

如今,诈骗犯罪活动不断发展变化,形式更加多样。电信犯罪组织流程一般是这样的。首先使用短信来传送恶意应用程序。用户点击后,恶意应用程序会自动下载,安装到手机里,开始窃取个人信息。语音钓鱼组织人员打电话时,会根据用户的个人信息使用相应的话术,比如"你的家人被绑架了,出了事故等",随后谎称帮用户转接到警察局。然而,这个电话并不会真正打给警察局、检察官办公室等相关部门,而是转接到犯罪组织的同伙。然后,当用户以为电话另一端的人是真正的警察或检察官,大多数人都会不再怀疑,并按照对方的指示付款。

我们正在与政府、警察、检察官等合作,努力尝试彻底封堵这些犯罪组织使用的号码。我们正在将现有的通信和 AI 技术结合,力求在广泛的范围应用,从而防止这种损害。

关于语音网络钓鱼方面的社会价值成果,我们已经阻止了超过 105000 个恶意应用程序号码。如果没有这些措施,统计显示近 3.3% 的人将会被欺骗、成为犯罪受害者。在韩国,统计结果显示人均受害金额约为 2200 万韩元。我们的持续努力,已经避免了约 700 亿韩元的损失。

过去,当诈骗事故发生后,当局更多的是专注于通过受害人破获犯罪组织,是一种滞后的管理手段。现在,当局意识到通过采取预防性行动,不仅可以防止犯罪发生,更可以在该领域创造大量的社会价值后,当局进一步加大了预防犯罪措施的投入力度。

韩国警察厅和 SK Telecom 相互分享诈骗组织使用的电话号码,通过这种信息共享，得以防止产生更多的受害者。SK Telecom 数据显示，电信诈骗犯罪的报警率下降了 13.4%，帮助用户避免了大量的损失。

保障交通安全、创造社会价值

T Map 作为韩国排名第一的导航应用，也有着多样的社会价值成果。我们通过提供最快速的出行路线来减少行驶时间，从而减少温室气体排放，并通过名为"T Map 驾驶分数"的安全驾驶评分指数为改善交通安全提供帮助。

车辆行驶过程中的突然减速、突然加速、突然启动，这些都是极易引起交通事故的危险因素，"T Map 驾驶分数"通过测量这些因素并进行评分，从而计算出司机的安全驾驶范围。例如，如果司机的价值分数为 70 以上，该数据将会分享给保险公司，保险公司将根据该数据为客户提供优惠服务。司机只有保持这个分数，才能保持较低的保费，这可以显著地改善司机的驾驶习惯。事实上，通过安全驾驶习惯获得折扣的人的事故率显著下降，这意味着该系统对改善交通状况有显著的作用。

除此之外，T Map 服务还添加了一项名为 V2X（Vehicle to Everything：以车辆为中心的无线网信息提供技术）的服务。当车辆在高速公路上以超过 100 公里/小时的速度行驶，随后突然减速超过 30 公里/小时的时候，V2X 服务会通知该车辆周围 1 公里半径内的其他车辆。我们的技术根据车辆的快速减速行为来预测发生事故的风险，并及时提供通知，从而使其他车辆能够减速应对或进行防御性驾驶。数据显示，使用该服务的司机的事故率显著下降。我们通过这些产品和服务为社会创造了社会价值，该服务开始初期仅为 Android 操作系统提供服务，但当从 2021 年起开始应用到苹果 iPhone OS 系统上时，社会价值绩效更是有了显著的提高。

社会价值测量管理带来的变化

我们持续地对企业的社会价值进行管理和测量的同时，也将绩效反映到了KPI 上。从企业经营管理的角度来看，在开展新的业务之前，需要将社会价值作为重要的参考依据，为经营决策时提供更多参考因素。比如，我们是韩国通信公司中第一家不再开具纸质收据、仅使用电子收据的公司。另外，自从将股息派发通知单转换为电子收据后，每年减少了72万件纸质邮件，从而减少了二氧化碳的排放。

公司职员们对社会价值的意识也在不断提升。以我们公司食堂为例，有一家奶制品供应商的社会声誉不好，当该公司的产品出现在食堂时，有职员在内部评论区写道"希望我们的公司不要采购该公司的产品，我也不想吃它"。随后，很多员工也发表了支持的评论。该公司的产品就从我们公司食堂消失了。这一举措对我们来说意义非凡。这正是敦促我们注重企业社会价值的目的，也是我们必须做好的原因。

我们还有很长的路要走。在现场测量这一方面，测量方法和测量算式等方面仍然存在一定的困难。比如我们需要与同行业的竞争对手进行比较，但我们无法获取竞争对手的细节资料，因此制定测量算式显得尤为困难。不过，我们正在努力克服这些难关。

我们相信，只有当社会价值衡量意识广泛传播，我们公司成为一家受消费者、股东、会员等利益相关者信赖并拥有良好声誉的公司，我们才能得到长久和持续的发展。

可持续的二氧化碳制冷和热泵系统

山口博司（Hiroshi Yamaguchi）

（日本同志社大学教授、日本国家工程院院士）

在讨论二氧化碳制冷和热泵系统之前，我想先谈论可持续发展的问题。可持续发展是我们共同的目标，这一概念由世界环境与发展委员会主席、挪威前首相布伦特兰女士率先提出，现已从一个概念发展成为具体的目标——联合国列出了17项具体的可持续发展目标。

人们在20世纪时预测到未来的气候环境可能会发生一些变化。当时我从事热泵方面的研究，我们与剑桥大学的气象学家合作时，他严肃地跟我讲气候变化会给未来环境带来巨大的影响，我说或许未来已至，因为现在我们已经慢慢感受到了气候变化和人类活动对环境的影响，我们的讨论中不止一次提到了可持续发展。在这里我想对我们的年轻人说十分重要的一点——人类活动对环境的影响。联合国指出近年来全球环境在不断恶化，背后的原因是频繁的人类活动，例如破坏热带森林、过度消耗地球资源和能源；还提出人类必须远离对环境有害的发展方式，走向保护环境的可持续发展。为了实现这个目标，人类必须制定政策，这就引申出17项可持续发展的具体目标。

我从事二氧化碳热泵相关研究工作已经几十年，在研究生涯初期我研究了制冷剂系统，当时绝大多数制冷的热泵系统使用的是CFC（氯氟烃），还有R21和R22氟利昂制冷剂，但这些制冷剂在1996年的时候就被禁止了，类似的还有

1987年《蒙特利尔议定书》禁止的CFC制冷剂，因为它会对臭氧层造成破坏。后来出现了用于空调的制冷剂HCFC（氢氯氟烃），但人们发现它也会导致全球变暖，因此我们需要对制冷剂做出更多改变。我们需要从全球变暖潜值（GWP）的角度考虑制冷剂的问题。1997年颁布了《京都议定书》，规定使用替代氟利昂的制冷剂，于是我们使用了HFC（氢氟烃）。人们可以选择捕获二氧化碳来缓解全球变暖的问题，但人类生产活动不可避免地会不断地产生二氧化碳，捕获并利用二氧化碳是理想的处理方式。

现在人们使用的制冷剂的全球变暖潜值（GWP）和消耗臭氧潜值（ODP）很高，而二氧化碳的ODP＝0、GWP＝1，那我们为何不使用二氧化碳呢？使用二氧化碳的热泵能够用来做什么呢？针对这些问题我们展开了研究，我们还与北京大学张信荣教授展开了中日合作研究项目，现在我们在热泵系统中使用二氧化碳获得了较大的可使用温度范围，这是其他制冷剂无法做到的。我们可以使用二氧化碳实现－50℃的制冷，也可以用它实现140℃的制热。二氧化碳热泵系统已经有约50年的历史，它是一个层级型的系统，在高温循环它可以提供140℃的热水，在低温循环它可以提供－20℃～－30℃的低温，我们可以根据需求将二氧化碳系统用在各种场景中。但在非常低的应用温度时，二氧化碳温度在三项点以下，系统中会产生有一定黏性的干冰，如何将干冰用于换热是有一定的技术难度的。

第一个问题在于如何防止干冰颗粒在管道中粘在一起，堵塞破坏管道，影响传热。我们在20世纪70年代时建造了双压缩机二氧化碳热泵制冷系统，在这个系统中我们先制备干冰，再用干冰进行热量交换，但这个设备还存在许多问题，我们必须对它进行技术上的升级。于是我们做了一个分离器，这个装置能十分有效地将干冰分离出来，防止干冰破坏管道，分离器中的干冰颗粒很小，在下降的过程中像雪花一样在分离器下部聚集。我们还制作了不同种类的分离器，使用不同的形状，例如旋转式分离器或锥形分离器。我们还研发了干冰粒度大小、粒径分布、干冰颗粒周向速度和径向速度等信息的测量方法。通过测量得到干冰颗粒的一些信息，我们就能够预测干冰的产量、不同分离器产生的干冰颗粒特点。例如我们观测得到锥形分离器产生的干冰粒径分布更广，通过干冰颗粒周向速度可以预测干冰产量,使用锥形分离器,二氧化碳回制成干冰效率更高。

第二个问题在于如何将干冰取出来并将其冷量用于制冷。我们通过分离器将干冰分离出来,分离后的干冰储存在高压储存罐中。干冰沸点约为$-79℃$,我们可以将分离得到的干冰储存在$-70℃$,使用乙醇作为载冷剂吸收干冰的冷能,也就是将干冰用于二次循环,在这个系统中乙醇的温度大概在$-60℃$。

那么这个干冰制冷系统的效率怎么样呢?这个制冷系统的温度在$-67.5℃$,不加分离器的二氧化碳制冷系统的制冷性能系数(COP)可以达到1.18,同等工况下使用 R22 或 R11 制冷剂的系统 COP 仅能达到 0.2,加了分离器的系统 COP 能达到 1.2,所以加了分离器的制冷系统效率还是很高的。

除了今天着重介绍的可以用于生物医药储存的$-70℃$的冷冻区间,我们还有一些别的温度区间的制冷系统,可以用于冷却、冷冻储藏、冷链运输等。

最后介绍的是可持续发展的系统,我们可以在工业相关领域实现这个可持续发展的循环系统。我们可以使用可再生能源发电和制造绿氢,捕获自然中的二氧化碳加入制冷制热循环系统,二氧化碳制冷系统梯级制冷,用于低温冷库、常规冷库和冷链的储藏和运输,将二氧化碳热泵系统产生的$140℃$的热水用于生物反应器,整个系统没有热量和电力的浪费,是可持续的。

第四部分

中国研究:挑战与应对

天人合一

艾伦·麦克法兰（Alan Macfarlane）

（英国剑桥大学教授、英国国家学术院院士）

我是一个历史学家、人类学家，在我的国家英国，以及尼泊尔、日本和中国，进行了很多人类学相关的研究。我今天演讲的主题是天人合一。天人合一，特别是文明的合一，是一个困难却可行的命题。

我们谈到传承，各个文明就像一棵棵树。它们都是从一粒小种子开始的。种子成长为一棵小树，小树逐渐地长大，最终变成一棵枝繁叶茂的参天大树。世界的各个文明，就像一棵棵人类历史上的参天大树。中国就是这样的一棵大树，它已经成长了几千年。我自己的国家——英国，同样也是一棵从500年前的盎格鲁文化成长出来的大树。然而，这些参天大树是有区别的。中国是非常不同的一棵大树，特别是与那些从盎格鲁文化中生长出来的树木相比较的话。如果将这些被英国盎格鲁文化影响的大树，包括美国、加拿大，丞有澳大利亚等，归结为一片树林，那么在这一片树林之中，这些树是比较相似的，但其中仍有很多的不同之处，尽管这些不同之处人们可能无法察觉。这片树林中的西方人大多对中国缺乏了解，同时很多中国人自己也没有意识到中国文明跟西方文明是多么不同。

最近关于这个话题我用中文写了三部书，分别叫做《了解中国：A到Z》《了解英国：A到Z》和《中国、日本、欧洲和盎格鲁文化圈》。我在这里只能讲几点，如果大家感兴趣的话，可以阅读这些书。我们刚才谈到了树的比喻，树都有树干,这两棵树的树干有哪些不同呢?

  首先,从政府的角度,它们是不同的。我们都知道中国从秦王朝创立的中央集权的官僚系统,这个中央政府是非常独特的,跟世界上其他政府都不相同。中国的中央政府统治模式已经有了两千多年的历史发展,因此脱离这种历史传统考察中国现代政府是不可能的。想将由英国开创并扩展到盎格鲁文化圈的民主制度直接套用到中国是荒谬的。在西方,没有中央集权体系,我们基于自己的古代传统发展出来的西方现代民主政治,它所基于的思想原则与中国政治就不一样。对小国来讲,这种民主制度是可行的,但如果把这样的统治方式运用于非常大的国家,它未必就适用。

  第二个显著的差异在于国际关系的观念。中国的体系通常被解释为星系政治,其中中国像太阳一样位于中心,其他国家像星星一样围绕着太阳运转。例如,越南、日本和朝鲜等国家环绕在中国周围,这种观念延续了几千年。它们从未与中国特别接近,但也不远离,始终保持一种若即若离的关系。中国的国际关系就如同兄弟之间的关系,更像是老大哥与弟弟的互动。然而在西方,情况并非如此。在过去的 500 年,甚至 1000 年中,西方一直采用帝国扩张的模式,其中一个国家成为主导势力,其文明便开始扩张。这种国际关系模式包括葡萄牙、西班牙、大英帝国以及美国等国家的扩张。这些国家都是强势文明的代表,它们维持这种国际关系的方式就是通过对抗,不论是经济上的制约还是军事上的压迫,最终实现吸纳其他地区的土地和财富。因此,与中国处理国际关系时的视角相比,西方采用了完全不同的方法和理念。

  此外,我想分享的是我们如何看待生命以及我们的人生观。总的来说,中国文化强调和谐,这一理念源自儒家思想。中国人重视和谐、平衡和共识,在遇到分歧时主张通过协商和妥协来解决。这是中国文明的核心特点。然而,如果我们观察西方文化,会发现它与中国文化截然不同。西方文化更多地强调竞争、侵略和斗争。举例来说,当我小时候在英国顶尖学校上学时,我被告知生活和学业将会像一场战斗一样,必须符合达尔文学说"适者生存"的原则,必须努力拼搏。这展示了一种对抗文化。在西方,这种对抗文化在各个方面都有体现。在日常生活中人们会为琐事大声争吵,在法庭和体育竞技场上也同样充斥着对抗。因此,中西方的观点显然是截然不同的,中国更加关注和谐。

另一个显著的差异在于精神层面。对于西方人来说,很难理解中国人在精神价值观方面的态度。我在一个天主教家庭长大,坚信只有一个神,这个神创造了这个世界并为我们设立了伦理体系,告诉我们有天堂、地狱以及来生。这个神是我唯一的信仰,我也认为自己是神的选民,负有将这一信仰传播给他人的责任。在我整个童年时期,我一直是虔诚的天主教徒,并认为所有社会都应该有所信仰的上帝。然而,当我来到中国和日本时,我感到非常惊讶,因为这些文明中根本没有上帝的概念。在中文中,他们没有类似"上帝"的概念。当你提及上帝时,他们不明白你在谈论什么。他们或许有一个模糊的"天"的概念,或者我们所说的天堂,但没有上帝的概念。因此,中国拥有各种各样的哲学和意识形态,它们和谐共存,解答了各类伦理问题,形成了精神层面的统一。在喜马拉雅地区,我看到一个人可以同时信仰印度教、佛教,甚至异教。这对我来说难以置信,在中国一些地区却是常见的现象。中国人同样也需要意识到,对于西方信仰宗教的人来说,最大的困扰之一是中国不奉行一神论,而我们却坚定地支持一神论。

最后一点是我们的思维模式。中国人的思维模式,数千年以来,用现代的话来说一直是基于量子式的思维。我们知道,在 20 世纪初期,在物理学、工程学和数学方面,有一场革命,叫做量子革命,这场革命也让整个西方科学界彻底颠覆。西方人发现事物有可能不是非此即彼,而是两者兼而有之。最著名的例子就是"薛定谔的猫":那一只猫,它在同一时刻既是活的又是死的。这种"既又"的思想在中国文化里古已有之,比如在道家的阴阳学说里面,一个圆圈里面有阴和阳,它们互相包含、互相制衡、互相平衡。在《易经》中我们就体会到了这样的一种哲学,其实中国很早就已经有了这种量子思维。

我的文明从最初的古希腊开始,其实就是二元的文化和二元的思维。电脑的发明就是二进制的,是一种二元的思维方式,希腊最伟大的那些哲学家,他们不遵循中道,认为事物"非此即彼"。这样一种二元思维在西方悠久的历史上也由各种不同的事件所加强,尤其是基督教,还有一神论,其实它们也是非常二元的,即我们是神圣的而你们是罪恶的,天堂或者地狱,对的或者错的,没有任何居中之道。布什或是特朗普曾经说过,对于中国,要么你就是我的朋友,要么你就是我的敌人,在国际事务中你不可能是既支持我又反对我,你要么是支持,要么是反对。所以大家也可以看到,这就是我们的人生哲学,我们就是二元的世界。

  这些是我向大家阐述的五个要点,当然,我也可以扩充为八个或十个要点。东西方这两棵不同的大树各自茁壮成长,但有一点非常引人注目,即这两棵树的距离在历史上一直很远,中国在这边,欧洲在那边。它们在19世纪有一些交集,20世纪有更多的交汇,而现在这两棵树在21世纪的最大问题是它们是否还能在紧密相连中仍然和谐共存。因此,我想提出一个命题,即互学互鉴。我相信,像看到一个美丽的花园一样,其中各种植物繁茂生长,我们希望所有的植物都能和谐共生,它们不会相互争斗、相互杀戮,而是相互交织、相互重叠,但仍然是独立的植物。一棵树永远是一棵树,不会成为另外一棵,就如同中国永远是中国,盎格鲁文化圈也永远是盎格鲁文化圈,但我们都共同存在于这片森林中。和谐是另一个命题,这个概念最初来自音乐。中国好比大提琴,西方是小提琴,伊斯兰世界就是小号或是别的乐器。尽管这些乐器发出的声音各不相同,但在交响乐中,基于共同的音乐原则,它们可以形成和弦。因此,我们最重要的挑战之一是建立国际秩序的原则,让各种文明都可以在这个交响乐章中演奏出美丽的篇章。

中文能成为更具世界性的语言吗？

董 强

（北京大学博雅特聘教授、燕京学堂院长）

北京论坛二十周年了。如果回到它的起源，就几乎回到了这个世纪的开端。那个时期给我们留下的最深刻的记忆，就是"非典"。那是一个不堪回首的时期，正如刚刚结束不久的新冠疫情，但同时，对一个书斋里的知识分子，又是丰富多产的时期。因为"非典"，我被封在家里，埋头进行翻译工作，一年至少翻译了三部书，而且之后连续保持了同样的出书节奏。这为我在翻译界带来了一定的名声。正是这样一种名声，让我在某一天接待了一位神秘来宾：法国的达马侯爵慕名前来，希望我将他发现的一件稀有手稿《奥林匹克宣言》译成中文，并传播到全世界。这是年轻的顾拜旦留下的十四页手稿，时隔百年之后因达马侯爵的不懈寻找而重现于世。1892年，顾拜旦当时担任法国田径联合会的秘书长，需要作一个年度报告。在手稿的结尾处，他就像突然得到了天启一样，划掉了一段平庸的结论，转而提出要复兴奥林匹克运动。2006年，萨马兰奇主席看到这份手稿之后，将之命名为《奥林匹克宣言》，因为这是现代史上首次提出"奥运"的概念——1894年，在这份手稿问世两年之后，才出现了首届国际奥组委。

我自然很荣幸能够得到达马侯爵的信任，成为一份如此珍贵的手稿的首席译者，但同时，他的另外一个期许，引发了我的思考，这个思考已经延续了十几年，我今天也想就此与诸位分享一些想法：他希望通过我和我的团队的翻译，能够将这份手稿"传播到全世界"。当然，2008年的北京奥运会，确实是一个良好契机，能够将人们的目光聚焦到这样一个稀有的文本上。但是，达马先生的真正意图，却是通过我们的译本，将它传向世界。

也就是说，他认为中文是一门极具世界性的语言，或者至少是具备潜在的世界性。

如今，《奥林匹克宣言》在中国有了一定的知名度，甚至享受到了一个罕见的待遇，被用英文、法文、中文三种语言，刻在青铜之上，立于北京奥林匹克公园中，甚至还以它命名了一个广场，叫"奥林匹克宣言广场"。每天都有许多人在那里嬉戏、散步。从某种程度上来说，它确实得到了很好的传播。但是，达马先生委托我的"传播到全世界"呢？

事实上，英、法、中这三种语言同时出现，已经证明了，如果它被传向世界，一定不是靠了它的中文版，而是靠了它本身的语言法语，或者英语。我发现，仿佛流水在这里打了一个转，停留在了这里，却没有流向更广的场域，这个宣言以其自身的语言，借北京奥运会之力，继续得到传播。

是的，中文本身是个巨大的流域。尤其是现代中文，它海纳百川一样地接纳了来自全世界的文明，而这得益于无数精通外语的中国翻译家。得益于这些翻译家引进的无数重要的科学、人文、社科、文学、艺术等方面的外文著作，我们的知识分子，大学教授，研究人员，在这些基础上进行综合、思考，产生了大量优秀的研究成果。而当人们为这些成果而兴奋，希望将它们向全世界传播的时候，他们突然意识到，他们依然需要将这些成果翻译成英文、法文、日文，或者德文、西班牙文，否则它们会跟一句漂亮的唐诗所说的那样："养在深闺人未识"。

中国翻译的深度与广度究竟有多大，可能我们的外国朋友，包括我们自己的老师和学生，都很难有一个感性的认识，所以请允许我简要介绍一下我所熟知的领域。今年，我担任组委会主席的"傅雷翻译出版奖"要庆祝它创立十五周年。它比北京论坛年轻一点，但作为一个翻译奖，它能走到今天，非常不容易。它之所以能够成功，取决于一个基本条件：中国是法语作品版权购买的第一大国！也就是说，全世界那么多国家，中国是翻译法语作品最多的国家。这是很难想象的事情，但事实上，虽然翻译具有某种滞后性——因为翻译、出版总是需要一定的时间——但中文读者几乎能看到所有法国现当代著名作者的作品，无论是文学作品,还是人文、社科、艺术评论作品。不必说大量的经典作品,法国现当代作品在今天进入中国,也几乎达到了同步。往往只相隔一两年时间,一部重要的法语书籍就被翻译成中文出版。这就让我们的奖项拥有了源源不断的参评作品和参评人。中国一些最重要的作家、学者,都知道傅雷翻译奖,并且或多或少参与其中。而且,每年的译者群也变得越来越年轻。这也许对我们在座的外国友人来说,是一个机会,可以了解到,中国事实上是一个多么开放、接纳度有多么高的国家!

但当我们将目光转向世界,我们发现,被译成外文的中国作品,远远没有那么丰富,或者说,等待被译成外语的作品,依然缺乏渠道。事实上,我们是唯一的一个国家,当我们的文学、思想、研究著作需要走出去的时候,我们主要依赖的,还是自己的译者!我们的中国译者通过大量由国家资助的渠道,将本国作品译成各种外语,对外输出。反过来,我从来没有遇到过一位外国译者,将他们国家的作品翻译成汉语,输送给我们。假如我想遇到这样一个人的话,我必须有让时光倒转的魔法,回到利玛窦或者南怀仁的时代(我们刚刚纪念了南怀仁诞辰四百周年)。

由此,我不得不思考一个问题:汉语究竟处于怎样的一种地位?作为接纳百川的大海,它却发现自己并非大洋,而依然是某种内海。它若想通向世界,依然需要那些它所接纳的百川的分流!这是一个悖论性质的发现。

它会产生两个可怕的假设。一个是,中文也许不得不成为一个自给自足的独立系统,因其复杂性、难懂性而让人望而生畏,止步于前。它是一个人口大国的官方通用语言,有足够的人运用,却依然是地区性的。另一个则是难免出现的困惑:莫非中文真的会成为某种禁锢,一种让人浪费太多时间去学习的复杂语言,会成为现代实用的累赘,影响它融入世界的交响乐?

事实上,这也是自中国的国门打开之后就一直盘旋在中文上空的一个幽灵:汉语也许需要接受一种革命,需要拉丁化,否则中国将无法跟上现代化的思想与时代。

最近,耶鲁大学的一位教师,叫石静远,写了一本非常有趣的书籍,讲述汉语在进入现代以后的遭遇,题目叫《汉字王国》。事实上,让我更感兴趣的是这本书的副标题,叫"让中国走向现代的语言革命"。它把事情的顺序说得非常清楚:不是中国的现代促成了语言的革命,而是语言的革命,造成了、带来了中国的现代。简单地说,在最早具有开放精神的中国文人中,很多人都大声疾呼,需要将中文拉丁化,甚至中国现代最伟大的作家鲁迅,在 1936 年提出:"汉字不灭,中国必亡!"而到了 1980 年,陈明远兴奋地喊出了"方块字万岁",因为"计算机终于能够用方块字了"。王选——他曾是我们北京大学的教授,是伟大的科学家——的突破性成果,让汉字毫无困难地成为计算机能够运用的语言。

一百年来的汉字演变历史,向我们有力地证明,每当我们觉得有几千年历史的汉字会束缚我们的时候,一种革命性的措施或者技术,都让它安然无恙地渡过难关,并丝毫不困难地将我们推上现代发展的动车。以至于,到了今天,已经没有人再对中文的存在意义产生任何怀疑。我本人也非常庆幸自己是一门如此丰富美丽的语言的使用者。我在这里展示一下,一首美丽的西方诗歌——这是法国诗人波德莱尔的一首诗——被译成中文,并以方块字的形式呈现的时候,可以增色多少,即便是以我自己一般的书法水平。

但对此不产生怀疑,并不意味着它的壁垒就此消失。直到今天,多少国家的汉学家,依然以个位数存在——我们需要大量的欧立德教授这样的人才。直到今天,我们时时还会感到中文令人产生的望而生畏的感觉,以至于还要像季羡林先生所说的那样,继鲁迅先生的"拿来主义"之后,我们还需要提倡"送去主义",也就是通过我们自己,将我们的著作翻译成外文。

米兰·昆德拉,我的老师——他今年辞世,令我非常悲伤——对于卡夫卡有极其精辟的分析。其中有一点,就是他坚信,假如卡夫卡没有用德语,而是用捷克语写作,那么,他很可能产生不了现在的影响,甚至完全默默无闻。所以昆德拉放弃了用母语捷克语写作,而改用法语。因为法语作为更为国际化的语言,可以让他获得更多读者,产生更大的影响力。与作为国际通用语的英语相比,法语非常注重建立起自己的法语文化区,也即著名的 francophony,法语语言区,涵盖了以法语作为官方语言和非官方语言的各个国家。中文也有巨大的汉语圈,使用人数众多,但在世界上任何一个地方,都没有非华人使用汉语或同时使用汉语的现象。有的只是华人、华侨,也即著名的 diaspora。而只要没有非华人以单语或者双语、多语形式使用汉语,仅靠华人在全球的遍布来实现汉语的遍布,那中国就会被人害怕,中国文化会被视为一种文化侵略,而非在世界上的融合。

毕加索喜欢对声称看不懂他的画的人说:"我的画就像是汉语,是可以学的。"

是的,汉语是可学的,正如中国是可以被了解的,正如毕加索的画是可以被理解的。我所在的燕京学堂的经验,不断地提醒着我,只要为学生提供足够好的条件,只要学生有足够强烈的意愿,汉语的壁垒是可以摧毁的。非华人使用汉语不是梦。

各位尊敬的嘉宾,亲爱的老师们、同学们,请原谅我今天强调了这样一个听起来很天真的问题:汉语能够成为一门更具世界性的国际语言吗?因为这不是一个简单的语言问题。对未来而言,这关乎一个更为重要的问题:只有当汉语被视为且被用作国际语言,中国才能被接受为一个重要的、融入了世界的国家,对中国、对中国人的恐惧才会消失。全世界的人民才会发现,中国人不但是一个具有高度开放精神的民族,还是一个有那么多的东西可以与世界分享的民族。

这也是为什么在一个如此重要的论坛的重要环节的最后,我要对我提出的天真问题给予自己的回答:中文一定会成为国际语言,但这需要我们的努力,教育工作者、知识分子、创作者、艺术家等的努力。需要我们让外国朋友们产生一种愿望,去直接感受汉语的真正味道,正如他们可以感受中国厨艺的真实味道,而非去吃被人咀嚼过的中国餐食。或者,至少,会有越来越多国家的汉学家们将中国的作品翻译成他们的语言。因为一部好的译作,就是一个好厨师做出来的中国菜肴,无论这位厨师是美国的、德国的,还是法国的,或者任何国家的人。他不会提供他咀嚼过的菜,而是他学会了的菜。只有到了那个时候,中国才会真正被人喜爱,以它值得的规模,照它合适的样子,尤其是,不会让人产生无谓的恐惧、无故的敌意。因为有一点可以肯定,当你自己进入一所别人的房子,与那房子里有人将你引进去,其差别是巨大的。

家庭哲学:儒家的亲情哲学

安乐哲(Roger T. Ames)
(北京大学人文讲席教授、世界儒学文化研究联合会会长、
国际儒学联合会副会长)

疫情只是一个开始

21世纪的头20年里,东亚特别是中国的崛起给世界经济和政治秩序带来了翻天覆地的变化。中国不是英语中所谓的"country",拥有约比非洲多2亿的人口,它是一个具有多样性的、持久的、大洲规模的文明。鉴于新冠肺炎疫情对全球商业和贸易的不同影响,据估计,中国将在21世纪末之前成为全球最大经济体。无论是喜欢还是讨厌,是友还是敌,中国的发展轨迹是向上的,而且将持续一段时间。如果大众媒体表达的焦虑是某种迹象,那么在过去的几个世纪里,这种指数增长一直是被欣然忽视的,而此时世界的"唐人街"震惊了曾经无可匹敌的西方,动摇了它的根基。

这一新出现的地缘政治秩序带来的震动,正在考验着三个多世纪前《威斯特伐利亚条约》开启的主权与平等民族国家的现代体系。威斯特伐利亚模式是自由个人主义的早期版本,它将个体自主与平等定义的价值扩展到国际层面。在某种程度上,这样的单一个体行为者各自逐利取胜的体系,使每个国家的利益与其他国家的利益相互冲突,已将世界引向无政府主义政治。在国际层面,

这是一场赢家与输家的零和游戏。事实证明,它在解决我们这个时代的紧迫问题方面完全无效——新冠肺炎疫情的大流行,只是即将到来的许多危机中的第一个,也是最紧迫的危机。人类面临的诸多复杂问题——气候变暖、环境恶化、难民迁徙、分配不平等、食物与水资源短缺、大规模物种灭绝、代理人战争、全球性饥饿,等等——都是有机相连的,除非以全面的方式来解决这些问题,否则不会得到有效解决。即将来临的风暴跨越了任何国家、种族和宗教界限,只有地球村为了整个国际社会共同的利益实行通力合作,才会有效应对、安然度过这场风暴。

迈克尔·沃尔泽:谋求团结

哲学家迈克尔·沃尔泽(Michael Walzer)在他的《厚与薄:国内国外的道德争论》(*Thick and Thin: Moral Argument at Home and Abroad*)一书中支持一种"差异"政治。但同时,他要阐述和捍卫的是一种"薄的"(thin)普遍极简主义道德。这种极简主义道德存在于每一种"厚的"(thick)道德之中。沃尔泽想从这种极简主义中得到的,是一种有限却又非常重要的团结力量,它可把全世界人民凝聚在一起。沃尔泽提出了一个很好的论点,即这种极简主义道德,对于"厚"道德的形成,不是基础性的,对所有"厚"道德的形成情况并非具有相同意义。它也不是文化差异终点的某种共性。这种极简主义道德不能简化为概括性的规则。至于这种"薄"道德的实质,沃尔泽认为,极简主义道德并不意味着不重要,它也不是情感浅薄的道德。相反,在他看来,它是"薄"和"厚"交织形成的彻骨入心的普遍的基本道德。

沃尔泽是把一种常见的以共情规则和原则表达的"正义"作为极简主义道德的可能来源,不过我想从儒家传统中提出另一种可选的答案。如果我们从中国这个人口几乎是东欧和西欧人口加起来两倍的国家,作为一个连续性的文明,持续了四千多年的事实出发,就能认识到几千年来在如此众多不同的民族、语言、生活方式、治理模式之间所追求的多样性的规模。虽然这种多样性是真正深刻的,而同时又有足够共同的极简主义道德,将中国作为一个文化与政治实体凝聚在一起。我想指出,正是围绕"孝"这一首要道德要求的一系列表述,使家庭情感不仅成为儒家极简主义道德的基础,而且成为延续至今的儒家社会、政治和全球秩序的根源与实质。

"政治"的儒家另类观念

关键之点是,在这种独特的儒家政治观念中,家庭、国家和世界之间存在一种可感知的同构性,国家和世界是家庭作为一种制度的拟像。说中文时,不说"国"(country),要说"国—家";不说"每一个体"(everybody),而是说"大家"(big family);不说"人种类"(humankind),而是说"人家"(human family);不是说"孔子的"(Confucian),而是"儒家"(literati family)。在课堂上,我不是"教者"(teacher),而是"师父"(teacher-father)。如此称呼我的学生则是"学姐"(student-older-sister)和"学弟"(student-younger-brother)。晚清著名学者严复通过翻译亚当·斯密(Adam Smith)、T. H. 赫胥黎(T. H. Huxley)、约翰·斯图尔特·密尔(John Stuart Mill)、赫伯特·斯宾塞(Herbert Spencer)等人的著作,将西方自由主义引入中国学术界。严复曾说,如果问及过去两千年来帝制中国社会和政治秩序的来源,30%归因于皇帝,70%归因于家庭。简而言之,在儒家文化中,家庭不仅仅是从政的类比,而且无论好坏(可问痛批封建礼教的五四运动改革者和毛泽东即可知),家庭亲情也是社会政治秩序的根源与本质。其实,人们甚至可以说,对于以"孝"为最基本、最确定意义的儒家文化而言,"百善"终是"孝为先"——人类所有优秀的品德,都是源于这一直接源头。

治理者在德行政治中的作用

一些很少被提及的文化因素,对我们理解现代中国有着重要意义,有积极的,也有不太积极的。"政,正也"的观念牢固地植根于家庭的不同层次与传统父权制中的个人修养。它从治理者作为人民的"父母"开始,将理想状态的父母行为作为道德表率，对其他家庭成员施以影响。然而，在家庭与国家同构这方面，我们可能注意到这里的一个明显的讽刺。有理由说，古往今来，地方性腐败一直是中国治国理政中的致命弱点。这也起源于我们与家庭相连的亲密关系，以及将这种关系转变为各种形式的裙带主义与狭隘观念。此种亲密关系之滥用则是腐败的根本来源。

在儒家哲学中，道德与教育之间存在一致性。简而言之，道德与教育都是从家庭开始的人际关系中孕育的，教育是让人学习成为对家庭和社会有意义、有担当的一员，而决定道德的标准是同样的。以一种有利于人与人关系发展的方式行事——倾听、敬重、体贴、周到、包容、支持——即是道德；而致使人与人关系变坏的行为——自私、好斗、执拗、轻率、冷漠、刻薄、粗俗——即是不道德。儒家文化是一种面子文化：得到面子，给予面子，有时也失去面子。共同的家庭与公共仁义观的内化，激发了归属感与为共同目标奋斗的情感，因为这伴随一种深刻的个人羞耻感，失败感是一个人觉得自己辜负了家庭、社会的期望。这种羞耻感文化的理想状态，是指向人们的自我治理，从而使当权者可实施引领而不是统治。由于家长作风治国者被誉为社会共同仁义观的表率，人民由此得到激发，想方设法担当好自己家庭之中的角色，其中怀有一种实现共生体系的企望，我们可以称之为深深根植于家庭情感的儒家"德政"的道德效益。

以家庭为中心而非以上帝为中心的宗教感

在中国这个自给自足的传统中，令几个世纪以来努力工作的福音派传教士大失所望的是，儒家独特的"宗教感"并非建立在亚伯拉罕神或其他类似宗教教义之上。其实，法国汉学家葛兰言（Marcel Granet）曾经言简意赅地指出："中国的智慧不需要有个上帝的概想。"儒家的"无神论"宗教感从最初起即以敬畏祖先的形式出现，"孝"的宗教感是教化和巩固家族内一代代人的纽带，促进文化的代际传承。每一代人继承、发扬光大前人的传统，同时负责与下一代人建立联系。或许最明显的继承是祖先给予的肉身，但更重要的是他们一直秉承的文化意义与生活方式，确实在子孙后代身上活着，使所有中国人都像黄帝的孩子一样，成为一个家庭。活着的躯体及其所体现的生活，构成文化知识的传递，通过它，一个活着的文明本身得以保存与拓展：社会与政治制度，语言，宗教教义与神话，生活精致的美感，道德观与生活的意义，等等。

关系公平政治与实现多样性

在儒家的家庭哲学中，不提倡"个人主义"价值观，人是作为角色与关系构成的，以"生生"的关系为第一位。儒家可以说是对占统治地位的自由主义的自主与简单平等价值观的另一种选择。倘若家庭角色之间是相互依赖的（爷爷慈爱与孙女孝顺是同时的，反之则不是），像个人自主与平等这样的自由价值观则是被关系公平取向所绕过的，关系公平具有层次差异，其目标是实现多样性。

公平取代了表面的平等，因为它为每个人、家庭及情况的特殊性提供了空间。多样性起到表面自主的效果；它是一种积极自由的意义，如同每个人都充分参与并受益于共享的家庭、社会和民族国家生活。还有，对于这个传统来说，发展道德能力的切入点是家庭制度和自然的家庭情感。不像追求客观原则的道德，儒家哲学是整体性的，它着眼的既是具体也是更普遍的重要作用。也就是说，不是诉诸西方先验的道德标准或某些客观理性能力作为"公正"——这样做必然会受到各种特殊情况的影响——儒家传统出于其整体性的思维，形成了对公正与客观性的另一种理解。

公平和多样性的价值超越了狭隘的家庭或社区范畴，以保证伦理、经济和生态考量不可分割。公平与多样性提供了一种包容与有机的"国家之内"的政治概念，以替代《威斯特伐利亚条约》关于独立和平等主权"国家间"的关系概念。不是将两个独立的东西放在一起的"之间"(inter-)，"之内"(intra-)是一个没有"外边"的"里边"，其理念是国际关系是一个活生生的、功能性的政治生态。

亲情作为"民族关系"的普遍极简主义伦理

　　超越这一特定的中国历史经验及其价值观,"亲情"能否作为确保地球共享所需的极简主义道德?"亲情"是否能为"民族关系"(而不是"国家间"关系)奠定基础? 也许最紧迫的是,"亲情"如何能切实实现这样的改变?

　　首先,在几乎所有人类文化中,家庭一直是经济能力与安全感的来源。令人怀疑的是,国家或跨国政府是否永远能够提供足够的社会福利服务,以减少我们对家庭机制的依赖,因为在这个资源不断减少和生态脆弱的世界上,人口迅速接近 80 亿。家庭原是最古老、最普遍的人类生存机制。英语的"熟悉"(familiar)一词来源于"家庭"(family),还有什么比家庭更让我们熟悉的呢? 因此,以家庭亲情为基础的极简主义伦理,在诉诸广义人类经验的初始条件方面,是包容性的。对大多数人而言,家庭是他们生活的最高意义。这一点可能为人类提供共同道德的核心。普遍共享的家庭亲情,具有将所有人团结在一起的潜力,超越"我们"和"他们"的二元对立。

　　由于每个人都有家庭,亲情为我们具有适当的道德情感提供了最广泛的基础,这种情感本身比思考或推理更为原始。家庭角色及伴随的价值观比抽象的规矩和原则更有效。"因为他是我的兄弟"是一个不需要加以进一步理论化的强有力论据。在这种方式上,家庭亲情满足了从具体经验开始的实用感性需求。

　　钟爱他人是道德行为的先决条件。家庭是这种爱发生最直接的场所。在道德成长过程中,家庭教养绝非可有可无。如此考虑家庭亲情的底层逻辑,它不需要进一步的理论化或论证。其不确定性、非正式性和模糊性,使家庭亲情以类比的方式发挥作用,使我们超越了许多造成分裂的差异性。至于沃尔泽提出的普通、普遍的正义,家庭则是这些基本价值观的课堂;如果构成社会的家庭中普遍存在的是非正义现象,一个正义的社会是不可能存在的。

　　将这种极简主义的道德论点进一步发挥,有教养的家庭关系最终成为对道德的生活愿景的追求。与许多当代伦理理论的主要考虑相反,伦理是人与人关系的意义问题，而不是相互之间孤立的问题。家庭亲情基于良知性的羞耻感，这种羞耻感使人们能够在没有外部强迫的情况下做到自我治理，并有效地预防反社会行为。这种家庭亲情不是在面对困难情况时提供理性与原则性算计的策略，而是提供一种家庭与社区的团结结构，这在很大程度上可预先防范分裂行为发生。

从历史连续性的角度看，家庭发挥的是代代相传过程中持续体现活的文化传统的渠道机制。归根结底，虽然人类的差异作为促进文化多样性的一种资源，具有很大意义，但为了对这些差异加以理解，焕发其活力，它们必须以一种共享的意识为依据，而家庭机制正是这一基础。

最后，家庭能够最有效地挑战个人利己主义的主流意识形态。家庭让我们学会相互依赖的智慧。根植于家庭的对自我的理解的直接意义是，如果你的家庭成员活得出彩，你活得也会出彩；如果你的邻居过得好，你才过得好。虽然这个概想来源于家庭亲情，它也可以适用于企业及政治性实体。

家庭亲情对决自由个人主义

严肃对待这种"薄"伦理的一个主要问题，是当代哲学话语在把政治概想理论化的时候，并未将家庭及其偏袒性关系视为其监管制度的一种相关的典型，或者考虑为一种实现社会和政治秩序的范例。当然，发达国家的许多公民以及欠发达国家的城市精英都赞成自由主义模式的社会和政府，因为它建立在启蒙运动将人视为自由、理性与个体自主的理解之上。但是，在非洲、亚洲、美洲的很多地区，很多人并不以这种个人主义术语给自己下定义。他们对自己的理解是，他们都根植在一个由子女、父母、配偶、兄弟姐妹、表亲、邻居、氏族成员构成的社会生态中，所有这些均与特定的地理范围、社区、宗教有着密切的联系。在这些地区，除了西方化的城市精英，大多数人会用一种关系更密切的"儒家"式语言来定义自己，而不是用启蒙运动和现代自由主义的术语。从费孝通的"亲属关系差序格局"到"普什图瓦里"概念，道德义务以由内向外的同心圆向外辐射，从家庭到社区、再到外部的世界。随着以家庭为中心的伦理而不是自由主义伦理成为世界大多数文化的主导规范,在涉及新地缘政治秩序的话语中,我们都必须抵制自己那种文化的常识:不是将家庭机制忽视掉,就是将它作为特例束之高阁。如果在不断变化的地缘政治秩序中,我们真的希望参与一场包容性的跨文化对话,而不仅仅是一场辩论,那么谨慎的建议是,家庭性术语应必不可少地进入话语,哪怕它不主导话语。

德行政治及道德经济

我们如何激活家庭亲情,将其作为一种普遍的极简主义道德以实现全球的团结?我们可以看看"德性政治"和"道德经济"。哈佛大学历史学家詹姆斯·汉金斯(James Hankins)在他的专著《德性政治》中提出,文艺复兴人文主义设想的统一目标是通过对统治者进行精心教育以达到社会的改善。汉金斯认为,在文艺复兴时期的意大利,是道德统治者而不是具体制度模式或宪政模式,才激发了良好的治理与人类的繁荣,汉金斯这本书的书名"德性政治"一语,源自古代儒学哲学家。在结论中,汉金斯引用了利玛窦(Matteo Ricci)的话。利玛窦于1584年向罗马汇报称:"中国人通过他们的治国之道,尽其所能,取得了辉煌的成就,把其他国家都甩到了后面。"① 一个世纪后,莱布尼茨(G. W. Leibniz)在他的《论中国》一书中回应了利玛窦的观点,他指出:"地球上有这样一个民族……他们在行为的各个方面都非常先进,在思想上也超过我们……道德和政治的戒律适于人类的生活。"②

世界文化秩序随着政治和经济的剧烈动荡正在发生变化,道德统治者会出现吗?他们能作为道德统治者而成为道德模范和基于亲情意义的道德教育的倡导者吗?以家庭机制为基础的公平与多样性的儒家价值观,是否对占统治地位的自由主义的"自主"和简单平等价值观构成挑战?是否能为有效应

---

① James Hankins, *Virtue Politics: Soulcraft and Statecraft in Renaissance Italy*. Cambridge, Harvard University Press, 2019, p. 496.

② G. W. Leibniz, *Writings on China*, translated by Daniel J. Cook and Henry Rosemont Jr., La Salle, IL: Open Court, 1998, p. 46.

对我们共同的人类困境所需的"民族内"(intra-national)含义的各民族关系提供资源？在多民族和跨宗教的全球背景下，重建21世纪的社会、政治和道德哲学必须对这一事实加以考量。人的代际关系与互动的重要性需要得到重新认识；可以设想另一种定义自我的方式；一个更强有力的社会正义观念取代目前流行的狭隘定义；甚至死亡和临终的问题也可能有不同的处理方式。基于此，深入探讨家庭亲情以形成全新的世界秩序的极简主义伦理，是一项紧迫的哲学任务。

中国算力网的需求与挑战

高　文

（北京大学信息与工程科学部主任、
鹏城实验室主任、中国工程院院士）

今天我想跟大家介绍的是"中国算力网"项目。"中国算力网"有三个重要部分，一是算力节点，二是网络连接，三是资源调度。

算力是当代经济发展中非常重要的一个支撑要素，无论是人工智能还是互联网的发展，都离不开算力。从经济发展来看，算力和GDP正相关。研究表明，GDP越高，算力指数越高，反之亦然。现在全球GDP最高的是美国，其算力指数也是最高；中国GDP是美国的70%左右，算力指数刚好比美国低了30%；经济排名第三的日本，算力指数也是世界第三。

这几年，中国经济发展速度非常快，算力发展的速度也在攀升，我们可以清晰地看到，中国算力指数在所有国家中增长最快，平均年增长在13%左右。那么，既然算力这么重要，为了未来经济、科学、绿色地发展，我们需要考虑：今后的算力怎么布局？安放在哪里？怎么使用？未来算力能否像今天的电力一样，不管放在哪里，想用的时候插上就能用？

我们的设想是，希望在中国建立一张网，这张网可以把中国算力连接起来，任何人、任何企业、任何大学想使用算力时，可以将"接口"插到一个插座上面，这个插座就能把算力送到你的桌面。

在算力的布局方面，我们希望算力的计算放在西部，这需要解决很多问题，例如算力如何分装，如何满足设施要求，如何让带宽不受限制，这些都是我们必须回答的问题。

为此我们提出了"中国算力网"的概念——希望像建设电网一样建立"算力网"，像运营互联网一样运营"算力网"，让用户像用电一样方便地使用算力，这是我们设定这个项目的发展愿景。而做到这一点面临很多挑战，包括算力的供给，越是在大城市，大学和企业越需要更多的算力。最近，工信部发布了《算力基础设施高质量发展行动计划》，提出了 2025 年算力发展量化指标，到 2025 年中国算力规模超过 300EFLOPS，一个 E 就是 10 的 18 次方。这里面的算力分三种，分为超算算力（超级计算机）、智能算力、云算力，三种算力加在一起规模超过 300EFLOPS，其中和 AI 有关的算力占到 1/3，约为 105EFLOPS。

第二个需要考虑的问题，就是如何把算力连接起来，让它延迟最短。很多云计算的算力中心、云中心和用户之间的距离不会超过 200 公里，否则会导致实时响应不够。如果要落实"东数西算"，把算力中心放在成都、重庆、青海，相互间相隔两三千公里以上的距离，我们需要超低延迟和超宽带链接来保证传输的效率。当前，算力正在被不同的运营商、不同的互联网厂商管理着，难以做到统一调度，因此亟须构建一个全新的调度网络，像通过电网调度电力一样，将算力调度到需要的地方。

鹏城实验室正在牵头做"中国算力网"，我们主要落实三件工作。

第一，建立超级算力节点，"超级算力"的概念大概是中国所需要的算力的 1/6。

第二，建立比现在市场上连接速度更快的网络连接，达到差不多 100T 到 P 级的连接，即 10 的 15 次方，目前这是现有技术无法实现的目标，我们正在研发该项技术，通过使用不同的光纤，冲刺比现有速度快 100 倍的速度，甚至更快。

第三，做好算力调度，建立云原生网络的调度系统。我们在深圳建立智能超算平台，"鹏城云脑Ⅱ"智能算力平台大概有 1000P 的算力，目前正在研发的下一代"鹏城云脑"，预计能达到 16000P 的算力，这个数字正好是 2025 年中国需要的智能算力的 1/6。"鹏城云脑Ⅱ"AI 性能是全世界超级计算机里面最好的，在全球 IO500 总榜单已经连续 6 次排名第一名，在 AIPerf500 连续 3 年排第一。这台机器做出来后,我们支持了很多国内企业做大模型的计算,包括华为、百度等,它们很多大模型都是在我们的机器上进行训练。除了提供给国内的合作伙伴外,我们实验室还训练了一批 AI 模型,这些模型大部分与北京大学、清华大学等高校合作,包括自然语言模型、计算机视觉模型、生物医学模型等。

最近,我们刚刚完成了一项工作,训练了"鹏城·脑海"大模型,这个模型有 200B 的规模,2000 亿参数。鹏城实验室通过开源的方式在做"鹏城·脑海",最后都将变成开源模型,我们把上面可能需要的一些工具做完后,将开源开放,供大家使用。

目前"鹏城云脑Ⅱ"上运行的 200B 的 AI 大模型,训练一次需要几个月的时间。为了让效率更高,我们正在研发下一个版本,拥有 16000P 算力的机器,做出来之后将比现在的机器算力提高 20 倍。原本训练 AI 大模型需要 200 天,现在 10 天就能训练结束,这台机器将会是算力节点。

还有几个问题我们也在思考。关于光网络,希望把所有的算力节点和枢纽用的光网络连接起来。设计光网络,要特别考虑在远距离时,实现不低于 100T 的带宽。设计光网络有很多科学问题,既涉及光,也涉及通信,包括传输、交换、管控、光纤等,我们设置了多芯光纤,一束光纤可以有若干根"芯",至少 4 根,也可能 19 根,使用的技术是 SDM 技术,它能使通信的速度提高 19 倍。由于光纤的成本增加很少,可以使用新的技术实现长距离、大带宽的通信连接,目前我们已经完成了 200T、2000 公里的光通信实验。网络运营商目前提供的光纤网络技术已经非常先进,现在单根光纤就能支持 100G 或 400G 的数据传输速率。光纤通信的原理是利用光纤中的光波来传输数据,而一根光纤中可以同时传输多个光波。随着技术的发展,现在使用 4 根光纤就能满足以往同类设备所需的数据传输量,这大大降低了成本。这种技术的应用将使得整个传输系统变得更加高效。

关于调度,不同的算力资源如何组合起来,让用户需要的时候直接拿到算力,这个需要实现跨地域异构算力。各类算力本身用的芯片系统不一样,如何跨地域使用,存在比较难的封装问题,不同类型的算力封装方式不一样,需要我们尽量去规范。算力原来是什么不要紧,如果要入网重新封装后加入成网并最终让大家看到一样的东西,第一步就要做好异构算力跨域调度的工作,这方面还是有很大的挑战;第二步是统一提交同步做;第三步是跨中心异构做;第四步是把不同的算力源整合进来。

"中国算力网"的理念和以往的云计算不一样,我们引入了云原生网络,所有底层都采用同样逻辑、一套体系,第一步在上面建立逻辑调度,对现有的网络重新梳理、更换、提升。现在有很多案例,通过云原生网络可以把所有的数据变成源数据,通过源数据进行调度,通过调度可以就近选择算力源。第二步做到"数"随"算"走,第三步"算"随"数"走,算力网要考虑数据的存在。

2019年我们开始做"中国算力网"的0.1版本,在国家发改委、科技部的支持下,用了不到3年时间,做了"中国算力网"第一期,把全国不同区域几个算力中心整合到一起,通过调度打通,实现不同算力的分配和使用。"中国算力网"的1.0版,可以实现分布式协调训练。

下一步,鹏城实验室在推进"中国算力网"建设的过程中,将通盘考虑所有方面,为中国绿色发展、高效经济发展、智能发展、数字发展提供技术支撑和支持。我们希望"中国算力网"这件事不仅在中国能做,还期待未来开展更广泛的国际合作。

老龄化社会挑战下的中国公共养老金制度改革

房连泉

(中国社会科学院社会发展战略研究院研究员)

一、人口老龄化形势下养老保险体系发展面临的挑战

(一)人口快速老龄化的形势

人口老龄化是当今世界人口发展的重要趋势,人口年龄结构的变化广泛而深刻地影响着人类社会生活的各个方面,人口老龄化已经日益成为世界各国关注的重大人口问题。中国作为一个发展中国家,在经济发展水平相对较低的背景下迎来了人口老龄化,将对经济和社会发展产生深远影响。迅速发展的人口老龄化趋势,与人口出生率和死亡率下降、预期寿命提高密切相关。目前中国的生育率已经降到更替水平以下,人口预期寿命和死亡率也接近发达国家水平。随着20世纪中期出生高峰的人口陆续进入老年,可以预见,21世纪前期将是中国人口老龄化发展最快的时期。

"十四五"时期,中国人口老龄化趋势进一步加速。就业人口数量将总体趋于下降,抚养比提高,养老保险基金长期平衡压力不断加大,人口年龄结构持续老化对养老保险制度的影响日益加剧。同时,养老保险基金投资渠道窄、收益率低的矛盾更加凸显。如何应对快速发展的人口老龄化,确保人口老龄化高峰期养老保险制度的可持续发展,是"十四五"时期社会保障改革面临的重大难题之一。

（二）新型城镇化和就业结构的变化

1998—2022年我国城镇常住人口从4.2亿增加到9.2亿，城镇化率由33%提高到65.2%。在新型城镇化过程中，更多就业形式出现，人员身份转变和流动转移频率进一步加快，社会保障异地业务增多，要求加快统一各项社会保障政策、管理和标准，提高统筹层次、强化资金调剂，从制度上消除影响劳动力合理流动的障碍。"十四五"时期是中国新型城镇化发展的关键时期。随着全面放宽城市落户条件，城镇化率还会继续提高。因此，政府需要为"新"居民提供大量的基本公共服务，一方面将削弱政府财政补贴社会保险缺口的能力，另一方面将对社保衔接和管理能力提出新要求。此外，当很多人由农村人转变为城市人的时候，过去适用于农村居民的各项社会保障制度，需要用城镇的相应制度代替，如果不能顺利转换，就会导致这些城市"新"居民遭遇城市生活下保障不足的问题。

（三）数字化对社保制度的冲击

数字化技术的广泛应用对社保制度产生冲击，一方面数字化技术下就业结构趋于非正规化，传统社会保险制度下的参保覆盖面扩展面临难题，费基来源受到影响；另一方面，数字化技术为社保经办服务体系的现代化带来机遇，但也存在老年人的"数字鸿沟"问题。中国网络经济发展迅猛，成为数字化经济的重要组成部分。截至2021年，我国共享经济市场交易规模约36881亿元，同比增长约9.2%，其中在线外卖人均支出在餐饮消费支出中的占比达21.4%，网约车人均支出占出行消费支出的比重约为8.3%。与之相应，平台经济快速成长，带来的就业人口达数千万人。新兴业态的大部分就业群体，尤其是平台赋能型和众创空间型，比如网店等，属于经济的神经末梢，既充满活力，但又显得很脆弱，对社保缴费负担尤为敏感，参加养老保险的劳动者比例很低。加强对新业态下非典型就业人员的劳动社保权益保护，已是当前完善社保制度面临的一个重要任务。

（四）社会结构变化

随着经济发展和生活水平的提高，我国社会阶层结构不断变化，中产阶层群体规模不断扩大。"十四五"时期,社会发展将进入后小康社会阶段,消费结构将进一步优化升级,社会保障尤其是养老保险在人民生活中的地位日益提高,成为国家治理体系的重要组成部分。面对社会结构的转型,养老保险体系建设需要做出适应性调整。一是养老保险制度需要尽快定型,成为社会预期的稳定器。养老保险制度需要在制度模式和运行参数上加快改革进程,建立稳健的运行机制和可持续的财务保障机制,为经济社会发展构建安全网。二是养老保险体系需要适应统筹城乡、就业一体化和人口流动等方面的要求,在保障公平性和增强流动性方面做出调整,加强不同层次养老保险制度之间的衔接,在区域间的转移接续方面实现更加方便快捷。三是加强全国统一经办服务体系的建设,以实现全国统筹和制度统一为前提,以信息化网络平台建设为抓手,建设全国统一的经办服务体系,满足参保人多样化、个性化和及时化的社保服务需求。

二、企业职工养老保险发展现状及面临的问题

本部分首先回顾城镇企业职工基本养老保险发展的历史,对养老保险制度政策变化、覆盖面结构和基金收支等情况进行考察,在此基础上分析当前养老保险制度面临的问题和挑战。

(一)企业职工养老保险制度的历史发展

在计划经济体制下,我国实行全民所有制下由单位承担的离退休制度。改革开放以后,为适应经济体制改革的要求,从1983年开始推行职工退休费用的社会统筹机制,探索建立独立于企业之外的社会养老保险制度。1993年,党的第十四届三中全会通过了《中共中央关于建立社会主义市场经济体制若干问题的决定》,关于社会保障制度的发展目标,明确提出了"建立多层次的社会保障体系""城镇职工养老保险和医疗保险金由单位和个人共同负担,实行社会统筹和个人账户相结合"以及"建立统一的社会保障管理机构"等目标。1997年,国务院颁布《关于建立统一的企业职工基本养老保险制度的决定》,对养老保险制度进行了统一。2015年国务院颁布《国务院关于机关事业单位工作人员养老保

险制度改革的决定》，将机关事业单位养老金制度与城镇企业职工基本养老保险制度统一起来。自2016年以来国务院出台一系列关于企业职工基本养老保险减税降费政策，三年内两次调整企业缴费，2019年发布的《降低社会保险费率综合方案的通知》，提出养老保险缴费率和缴费基数"双降"政策，大幅降低企业养老保险缴费负担。2021年12月我国正式发布《企业职工基本养老保险全国统筹制度实施方案》，自2022年1月起，职工基本养老保险制度实现从中央调剂金制度正式进入全国统筹的新时期。全国统筹调剂制度的建立有助于解决全国范围内基金结构性失衡的问题，缓解财政压力，增强制度的可持续性。

（二）养老保险体系发展面临的主要问题

1.制度覆盖面不断扩展，仍存在覆盖缺口和地区不平衡问题

在1991—2021年的三十年期间，企业职工养老保险参保人口与就业人口基本保持同步增长，就业人口总量由1991年的1.75亿增加到2021年的4.67亿，年均增速为3.32%；在职参保人口总量则由5600万增加至3.49亿，年均增速为6.28%。这些数字充分说明三十年来社会保障体系建设取得的成就巨大，尤其是在2000年之后的二十年，社保覆盖面经历了一个高速扩张过程。从参保率指标（在职参保职工数量/城镇就业人员总量）上看，此期间社保覆盖率不断提升，由1991年的32.4%上升到2021年的74.7%，但仍有四分之一左右的城镇就业人员未加入基本养老保险制度。这些群体主要为个体人员和灵活就业者、在城市打工的农民工，以及新业态下的平台经济就业者等群体。

2.不同就业部门覆盖面存在结构性失衡

根据《中国统计年鉴》的统计划分，城镇就业人口分为城镇单位就业人员（即非私营单位）和私营单位（包括私营企业和个体就业人员）两大类，其中非私营单位主要包括国有单位、集体单位和其他单位三类。在2000年时，城镇私营单位与非私营单位就业人员规模基本持平，随后私营单位就业人员快速增长，到2020年超过2.92亿。在此期间，非私营单位就业人员数量经历了"先升后降"的过程，到2014年到达1.82亿的总量高峰，随后开始逐步下降，到2020年降到1.70亿。与就业结构的变化相对应，社保参保的人群结构也在发生改变。

表1利用《中国养老金发展报告(2011—2020)》的数据,对2010—2019年期间参加城镇企业职工基本养老保险的各类群体结构进行了统计①,并将各类群体的就业占比份额与养老保险参保占比份额进行了对比。可以看出,国有及集体单位就业人员参保占比份额明显高于就业占比份额;而私营企业就业人员参保份额明显低于就业份额,说明了私企普遍参保不足的情况。2019年与就业市场上私营部门占主导地位(53.8%)的情况不同,在全部参保人群中,私营部门参保占48.75%。

表1 城镇各类就业群体就业结构的变化(2010—2019年)

各种类型就业人员	占全体参保(就业)人员的比重	2010	2011	2012	2013	2014	2015	2018	2019
国有及集体单位	参保占比	38.6%	35.4%	33.6%	31.9%	30.1%	29.1%	21.03%	19.83%
	就业占比	30.5%	27.9%	26.5%	21.5%	19.6%	18.2%	14.70%	13.40%
港澳台及外资企业	参保占比	8.4%	8.9%	8.9%	8.2%	8.6%	8.5%	7.62%	7.00%
	就业占比	7.8%	8.2%	7.9%	9.2%	8.5%	7.6%	5.70%	5.50%
各类私营企业	参保占比	31.2%	34.0%	35.3%	37.4%	39.2%	40.3%	46.91%	48.75%
	就业占比	42.5%	44.0%	45.5%	50.2%	51.8%	53.0%	54.30%	53.80%
个体就业人员	参保占比	21.7%	21.7%	22.1%	22.4%	22.1%	22.1%	24.43%	24.42%
	就业占比	19.2%	19.9%	20.1%	19.1%	20.1%	21.2%	25.2%	27.2%

数据来源:作者根据历年《中国统计年鉴》和《中国养老金发展报告(2011—2020)》数据计算得出。

3.基金收支规模不断扩大,财务压力逐步加大

过去二十年间,企业职工养老保险基金收支规模不断扩大,基金年均收支增速分别达到了16.9%和16.8%。但是随着制度赡养率不断上升,自2012年

---

① 由于统计数据缺失,2016年和2017年的分部门参保数据为空缺值。

以来基金可支付月数（累计结余/当年支出＊12）呈下降趋势，特别是在2020年疫情期间，基金收入有大幅下滑；到2021年，累计结余为5.1万亿元，可支付月数下降到至14.9个月。近年来基金备付能力呈明显加速下滑趋势，对养老保险财务可持续性带来挑战。在实际运行中，城镇企业职工基本养老保险对政府财政补贴的依赖程度不断加深，2021年全国财政补贴的规模达到6600亿元，占一般公共预算支出的比例上升到2.68%。虽然政府财政补贴注入大大缓解了制度缴费率上涨的压力，但过度依赖财政补贴不仅不利于实现基金自平衡，而且可能给财政带来巨大压力。

4. 养老金待遇水平不断提高，但替代率水平呈下降趋势

过去二十年间，企业职工养老保险待遇水平不断提升，特别是自2005年以来已经历了"17连调"。月人均养老金由2005年的727元，提高到2021年的3070元，年均增速达到8.9%。在相对水平上，以当年度城镇非私营单位在岗职工工资平均水平进行比较，养老金替代率水平呈不断下降趋势，由2005年的54.5%下降至2021年的36.7%左右。

三、2023—2035年企业职工养老保险运行精算分析

本部分基于中国社会科学院世界社保研究中心编制的《中国养老金精算报告（2019）》，对2023—2035年全国企业职工养老保险的基金收支和待遇情况进行精算分析。

（一）参保结构预测

图1说明了未来13年企业职工养老保险的赡养率（退休人口/参保缴费人口）变化情况。在预测期间，赡养负担将有大幅提升，由2023年的42.3%上升到2035年57.9%，届时将出现1.7个参保者抚养1个退休者的情况。上述情况说明按照目前发展趋势，制度内人口结构不容乐观。

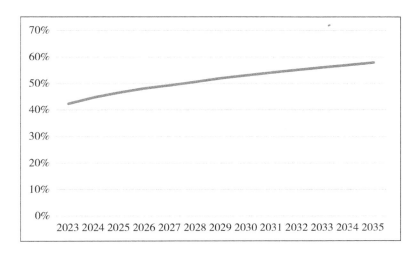

图 1　2023—2035 年养老保险赡养率预测(退休人口/在职参保人口)

数据来源:作者根据《中国养老金精算报告(2019)》绘制。

(二)基金收支形势预测

图 2 说明了未来 13 年企业职工养老保险的基金收支和当期结余的变化情况。在预测期间,养老保险基金收入和支出都保持稳步增长。其中,基金收入增

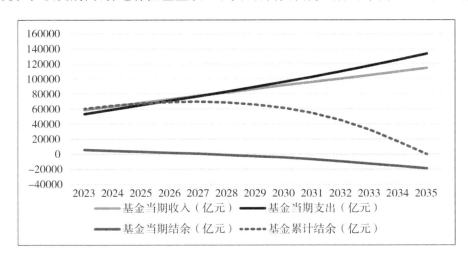

图 2　2023—2035 年养老保险基金收支预测

数据来源:作者根据《中国养老金精算报告(2019)》绘制。

速由预测期初的7.8%下降至期末的4.4%左右;而基金支出增速一直大体保持在6%以上的速度。因此,基金当期结余将逐步降低,至2028年出现当期收不抵支,之后当期赤字逐步增大,并开始消耗基金累计结余,至2035年累计结余耗尽。上述情况说明,按照目前趋势,企业养老保险制度在未来十几年内财务状况将逐步恶化,最终出现收不抵支的情况。

(三)养老金待遇水平预测

图3说明了未来13年企业职工养老保险待遇水平的变化情况。在预测期间,养老保险待遇平均增速为3.9%左右,由2023年的3425元/月增加到2035年的5475元/月。但养老金总体替代率水平(相对于城镇单位在岗职工平均工资)将呈下降趋势,由2023年的37.5%下降到2035年的31.9%,上述情况说明,如果按照目前发展态势,基本养老保险待遇在未来十几年内增速明显低于社会平均工资,老年人收入相对年轻人收入水平相对下降。

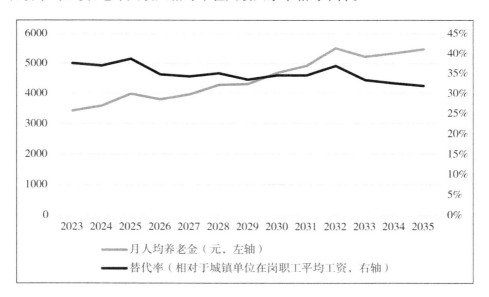

图3　2023—2035年养老保险待遇水平预测

资料来源:作者绘制。

四、健全完善企业职工养老保险体系的改革措施

从当前到2035年是完善养老保险体系、实现高质量可持续发展的关键时期,需要做出合理的设计规划,制定切实可行的改革保障措施。

1. 以私营部门和灵活就业群体为扩面重点,实现法定人员全覆盖

"十四五"期间应以推进"全民参保计划"为抓手,重点瞄准私营单位和灵活就业者,推进社保覆盖面扩展。一方面应从社保制度改革着手,降低缴费负担和参保门槛,放开参保户籍限制,为中小微企业和个体经营者参保创造便利条件;另一方面,也要加强社保参保的法制化建设,规范企业参保缴费行为,做到"应保尽保"。为此,在建立适应中小企业和灵活就业群体的参保计划方面,可以先进行地区试点。例如,随着城市化率的提高,在东部发达省份可探索建立全省一体化的职工养老保险体系;在参保条件上放开户籍限制,在缴费标准上以城乡居民平均收入为缴费基数,实行城乡一体的养老保险体系。

2. 提高参保群体的缴费水平,促进高质量覆盖

养老保险制度发展的一个重要方向是,在实现人群全覆盖的目标基础上,转向提高覆盖质量。在这方面主要的建议措施有:一是强化就业优先政策,坚持经济发展就业导向,扩大就业容量,提升就业质量,促进充分就业,通过实施充分就业战略,保障社保参与率;二是实施全民收入倍增计划,提高城乡居民收入水平,提升缴费能力;三是深入推进社保征收体制改革,促进征缴法制化,实现应收尽收;四是加大政策宣传和社会引导,弘扬"长缴多得、多缴多得"的储蓄文化,强化劳动者参保和养老规划意识,提高全社会养老财富储备水平。

3. 深化体制机制改革,优化养老保险制度结构

一是大力发展企业年金、职业年金、个人储蓄型养老保险和商业养老保险,弥补二、三支柱的短板。在此方面,应发挥既有优势,扬长避短,在鼓励发展二、三支柱养老金制度上有所创新。针对第三支柱税优型个人养老金制度,需要大幅提高税优比例和试点范围,简化管理流程,利用互联网金融科技,使之走向大众普惠。二是按照国家顶层设计要求,在推进实施延迟退休方案和建立弹性退休制度方面做出尝试。三是适当延长社保缴费最低年限。考虑目前职工的职

业生涯平均周期,养老保险最低缴费年限可延长至25年之上。四是出台制度化的养老金调整机制。养老金调整依据应主要参考物价变动和职工工资增长情况,调整的幅度兼顾基本养老保险基金和财政负担支付能力进行确定。

4. 提高社会保障统筹层次,建立一体化的社保体系

一是规范各地区养老保险制度,实施省内统一的管理体制,将养老保险收支、基金结余和预算管理等事项提升到省级层面。二是在央地社保事权划分框架下,合理确定地方社保责任,建立地方财政的投入长效机制。三是加强社保信息平台建设,做到数据集中化管理,建立全国互联互通的社保信息数据库。四是在基金收支管理方面,建立绩效考核体系,引入奖惩办法,加强地区层面的约束管理。

5. 深化财务机制改革,促进可持续发展

一是在收入端,在扩大覆盖面的同时,进一步做实缴费基数,适当延长缴费年限,提升制度收入能力。二是在支出端,尽快推出延迟退休政策,建立养老金待遇指数化调整机制。三是在基金运营方面,应加大委托投资运营力度,建立企业职工基本养老保险基金委托投资运营常态化机制,加快划转国资充实社保基金等,提高基金盈利水平。四是建立健全养老保险精算和预算管理制度。党的十八届三中全会首次提出养老保险"坚持精算平衡原则";2020年国务院出台《关于新时代加快完善社会主义市场经济体制的意见》,进一步强调"促进基本养老保险基金长期平衡"。在建立全国统筹制度的过程中,有必要加强精算报告制度建设,在全面掌握地方客观数据(包括人口、就业、工资等指标)的基础上,科学制定每年的基金收支计划。在此基础上,加强数据标准化和精算能力建设,通过基金预算体系,强化社保基金收支硬约束。

6. 强化经办服务能力建设,建设统一社保公共服务平台

社保经办和管理服务体系是民生保障中的重要社会基础设施,全国统管、信息互联、方便快捷、全民共享是未来的发展方向。一是应树立"全国一盘棋"的思想,将各层次养老保障制度纳入统一的治理框架。在基本养老保险制度上,应加快向全国统筹机制靠拢,实现全国各省份之间的社保待遇便利化转移接续。二是在二、三支柱计划的管理上,应实现整合监管,消除部门和行业之间

的分隔,建立全国统一的投资运营管理平台,为企业和参保者个人提供一站式的社保金融服务。三是实现基层公共服务平台的网格化管理。应充分发挥政府、社会各方力量,整合和利用基层服务组织和社会服务机构的网络和服务资源,建立经办管理服务网络。四是社会保险领域全面应用大数据、云计算等新技术,强化经办管理现代化,探索开展基于大数据的业务监督、信息分析及决策支持应用。

构建积极生育保障体系　促进人口高质量发展

贺　丹

（中国人口与发展研究中心主任、研究员）

近年来，持续下降的生育水平引起中国政府和社会的广泛关注，生育支持政策体系构建被提升至重要地位。在第二十届中央财经委员会第一次会议上，习近平总书记精准概括了我国当前人口发展呈现少子化、老龄化、区域人口增减分化的趋势性特征，将提高人口整体素质、塑造现代化人力资源作为促进人口高质量发展的基本路径；明确了思想方法和战略目标，要求把人口高质量发展同人民高品质生活紧密结合起来，促进人的全面发展和全体人民共同富裕；部署了包括健全生育支持政策体系在内的促进人口高质量发展的五项任务。尽管近年来中国在生育支持领域的政策投入在不断增加，经济、时间、服务等类型支持措施也在逐步探索，但关于投入力度、责任分担、绩效评价、政策路径等核心问题的讨论仍然有待深化。生育支持政策框架下重点实施何种类型的政策措施？生育支持政策体系设计能否借鉴国外家庭福利经验？加大生育支持投入是否可能会导致福利陷阱？如何评价生育支持政策的短期和中长期效果？上述问题仍然有待进一步讨论和明确。

一、积极社会政策概念的提出及其现实价值

在社会政策发展过程中，不同国家和地区发展出不同类型的福利保障模式，既有注重以市场为基本原则、以资产调查为基本手段的自由主义保障模式，

有追求福利覆盖面的社会民主主义保障模式,也有建立在"社会保险"基础之上、强调家庭应该成为福利供给核心的社会合作—保守主义保障模式,不同类型的福利模式差异和政策影响引起了广泛关注,在一定程度上影响了生育保障政策的转向。多数研究发现,提升国家财政投入水平有助于保持和提升生育率。越来越多的证据表明,生育支持政策不仅可以对养育孩子的家庭予以极大的支持,还可以有效促进社会平等,在人口领域外有正向的外部性作用。因此,在人口发展的新常态下,我们需要客观审视生育支持的政策属性,统筹考虑生育支持成本和效益之间的关系、微观家庭生育行为的外部性和宏观人口高质量发展之间的关系。

值得注意的是,近二十年来社会政策的"积极化"转向较为明显,社会政策不再被视为一种社会负担或压力,而被视为一种新的生产要素,通过投资于人来提高竞争能力,推动经济和就业增长,成为发达国家的共识。社会政策应旨在促进就业和健康生活,而不仅仅是对失业和健康状况不佳的人群给予救助。因此,社会政策不应仅局限于提供基本兜底的公民福祉,而是应更加关注如何通过有效的福利支出激发更加有效的劳动力市场活力,同时在改善弱势群体生活条件的同时对社会产生整体性回报。在应对全球化、数字化、国际竞争等形势挑战的过程中,积极的社会政策(active social policy)的概念强调将社会政策的重点从确保个人免受少数明确的突发事件影响转向投资于个体和家庭的能力提升,并在生命历程的每个阶段充分利用其潜力的重要性,也强调在更加广泛的社会保障体系中充分发挥个人、企业和社会组织的重要作用。积极社会政策的理念为我们重新认识生育支持政策的价值和功能带来了新的视角:生育支持不仅仅是消耗性的社会福利或社会负担,更是发展性的人力资本和社会投资。

二、生育支持政策体系面临的现实问题和挑战

自2021年《中共中央、国务院关于优化生育政策促进人口长期均衡发展的决定》出台以来,我国生育政策经历了从约束性向包容性的转变,在取消、清理和废止社会抚养费等制约措施和处罚规定的同时,开始出台一系列生育配套支

持措施，并提出了建立健全生育支持政策体系的目标。各地生育支持政策的内容涉及经济、时间、服务、文化等多个领域，政策支持的范围涵盖了婚嫁、生育、养育、教育等多重问题，但仍缺乏相关的制度安排保障政策落实。第一，生育支持政策落实有差距。相关法律法规和政策文件衔接不足，生育惩罚、雇主惩罚等女性就业歧视现象趋重，深层次结构问题需要统筹经济社会发展政策，并需要一定时间。第二，生育支持服务体系不健全。现有托育服务发展只满足7％左右的家庭婴幼儿照护服务需求，仍有93％的婴幼儿需要在家庭内照护；育龄人群不孕不育率逐渐提升，生殖健康服务的新需求未得到充分满足；农村地区困境儿童、留守儿童的早期发展面临挑战，婴幼儿健康管理也亟待加强。第三，生育支持基本制度弱小。作为中国社保五大险种之一，生育保险是补偿女职工生育期间经济收入、平衡企业负担的重要保障制度，但目前存在覆盖范围小、筹资渠道单一、生育政策调整后基金运营压力大等问题和挑战。第四，生育支持财政支持力度不足。生育支持政策体系的长效财政支持机制尚未建立，区域财政投入的均衡性和政策收益的外部性难以协调，生育支持成本的区域、层级和主体分担比例尚不明确，各级财政投入水平低、可持续性弱，生育支持服务对家庭生育养育功能的替代性不足。总体而言，应对低生育率挑战是一项复杂系统工程，不能头痛医头、脚痛医脚，不能局限于小修小补，迫切需要转变理念，实现制度性突破。

三、建立积极的公共财政政策和成本分担机制

尽管降低生育成本、提高生育意愿、强化生育价值、促进家庭平等、改善环境条件等都可以作为生育支持的重要工具，但是在人口发展、家庭文化和社会福利制度转型的过程中，人们对生育责任、家庭发展和福利支出之间的关系认识也发生了重大变化。生育支持的主体与生育责任的划分、生育成本的分担问题存在密切关系，与生育收益的接受者也存在密切关系。在生育支持政策设计和执行的过程中，有些核心问题需要充分讨论：生育支持的成本应该由谁来承担？如何承担？这一问题取决于家庭生育行为预期和国家人口政策预期之间的一致性程度，微观层面家庭的成本—效益与宏观层面国家的成本—效益之间

的结构平衡对生育水平存在重要影响。当家庭对生育数量的预期高于或等于国家人口政策对生育水平的预期时,家庭内部性收益相对高于国家外部性收益,家庭实际承担更多的生育成本责任;当家庭对生育数量的预期低于国家人口政策对生育水平的预期时,家庭内部性收益相对低于国家外部性收益,国家实际承担更多的生育成本责任。在社会分工相对简单且福利体系不完善的传统社会,家庭既是生育收益的主要接受者,也是生育责任和成本的主要承担者。在社会分工细化和福利体系逐步完善的现代社会,生育收益的主要接受者从家庭拓展至组织和国家,用人单位和政府公共部门也应承担部分生育责任和成本。值得注意的是,用人单位可以通过发放工资薪酬、缴纳社会保险费用、执行工作假期制度等方式承担部分生育成本,但因为生育收益的外部性更强,为单位带来内部性收益较弱,这也会导致用人单位倾向于将生育成本向外转嫁,更倾向于招收男性或没有生育意愿的女性,最终强化劳动力市场的就业歧视。同时,推动实现适度生育水平、优化劳动力供给结构、积极应对人口老龄化等目标,对于宏观层面的经济社会高质量发展具有重要意义,国家是生育水平提升的重要受益者。因此,在低生育水平的社会中,国家作为受益者应承担必要和基本责任,需要采取相对积极的公共财政政策,同时运用法律、制度、政策等手段综合施策,支持家庭发展能力提升,推动形成家庭、用人单位、政府部门生育责任共担机制。

四、以积极生育保障理念应对少子化挑战

落实国家决策部署,必须以人民发展为中心理念,以促进家庭和谐幸福和人的全面发展为目标,完善基本制度框架,调整经济社会政策。因此,迫切需要在生育保障领域实现历史性变革、系统性重塑、整体性重构,建立基础性制度框架,奠定未来人口发展的百年大计。

(一)积极生育保障的核心理念

从积极社会政策的理论框架和现有生育支持政策的现实条件看,发展经济是解决稳定和提升生育水平问题的根本出路,我国的生育支持政策需要在经济

发展和社会发展之间找到融合点,在社会福利和社会投资之间建立连接点,从传统的兜底保障、事后补救、被动型的服务管理模式转向提升能力、事前干预、主动型的积极政策保障模式,既要满足从支持家庭的立场对生育成本进行减负的需求,减轻生育、养育、教育的成本压力,又要满足通过生育支持提高个体和家庭的劳动参与能力、意愿和机会,促进个体和家庭更好地适应市场经济的需求。

首先,积极生育保障是落实就业优先国家战略、稳定劳动参与率的积极劳动力市场政策,以促进家庭育儿与职业发展为目标,通过劳动相关的福利投入带来更有效的劳动参与,促进稳定就业,增加家庭收入。

其次,积极生育保障是生产要素,是主动的公共投资,以提高人口质量为核心目标,通过增加投入,提高出生人口素质、减轻"三育"成本,促进人的全面发展,塑造现代化人力资源。

再次,积极生育保障是对家庭生育价值正向外部性的补偿,尊重家庭育儿的经济社会价值,将家务劳动和照料行为的外部经济效果内在化,对婴幼儿照护人员给予补贴。据测算,中国照料经济价值约占GDP的25%,其中女性贡献了近2/3的照料劳动,育儿补贴是尊重女性照料劳动经济价值的重要体现。

最后,积极生育保障是对婚育全周期的主动支持和保障,不仅对家庭婚姻给予保护,而且全方位积极干预,帮助家庭实现生育意愿,促进家庭和谐幸福,从而实现人的全面发展、人民高品质生活、生育水平提升等目标的协同。

(二)积极生育保障的覆盖范围

积极生育保障的对象除了个体和家庭外,也包括其他分担生育成本和承受外部效益的社会成员。在传统理解中,女性被视为与生育直接相关的行动者,男性及其他家庭成员、企业等用人单位的影响常常被忽视。然而,在当前的社会文化中,生育决策是家庭行为也是社会行为,并不完全为女性的个人意愿所决定,家庭成员、用人单位和政府部门在育儿责任分担方面所发挥的作用也会直接影响家庭生育决策。因此,生育保障的对象不应聚焦于单一个体,应强化对不同类型主体的支持。可以划分为四个层次。第一个层次是与婚育行为直接相关的社会成员,保障对象包括育龄男性和女性,聚焦于改善育龄人群生殖健康水平,促进职育平衡,减轻婚姻、生育、养育的负担,提高婚姻和生育意愿。第二个层次是与养育行为直接相关的社会成员,保障对象包括提供照料服务的祖辈、父母和机构,聚焦于减轻家庭婴幼儿照护负担,提高祖辈、男性参与婴幼儿照护的意愿和能力,改善家庭观念,促进关系和谐,发展普惠托育服务,构建良好的生育养育家庭环境。第三个层次是与教育行为直接相关的社会成员,聚焦于减轻家庭育儿焦虑,提升健康、教育资源的均衡性,提高儿童早期发展能力,保障儿童平等获得高质量教育服务的权利,增加生育子女的价值感和获得感。第四个层次是与生育成本分担责任相关的社会成员,包括用人单位、地方政府和社会组织,聚焦于建立合理的财政投入、成本分担和效果评价机制。无论是哪个层次的保障政策,都需要解决政策瞄准的问题而不是直接发放补贴,需要注重个体生育、养育和教育权利和义务的统一,根据社会成员的实际劳动价值和投入,判定他们是否应当接受支持以及应当接受何种程度的保障。考虑到家庭内部分工及地位差异,生育保障的判定标准不仅应与家庭整体经济状况相关联,也应与儿童、女性、老年人等家庭成员的生活水平相关联,与用人单位、地方政府、社会组织的责任承担能力相关联。

(三)积极生育保障的基本内容

基于积极生育保障理念,生育保障体系应包含生育支持政策体系、生育保障基本制度、婚育服务支撑体系三方面内容。第一,生育支持政策体系全方位干预生育影响因素,从降低居住成本、减轻教育焦虑、减轻医疗负担、促进女性就业、保障假期待遇、倡导婚育新风等维度对影响生育养育的主要因素进行重点干预。第二,建立生育保障基本制度可以保障生育支持政策落实,同时支持服务体系的发育和完善,形成积极的劳动力市场环境,实施覆盖灵活就业者和城乡居民的全民生育保险制度,实施支撑托育服务、鼓励代际支持、城乡均衡的婴幼儿照护补贴制度,实施主动干预的生殖健康保障制度。第三,通过覆盖全生命周期的婚育服务支撑体系减轻生育焦虑和压力,提供生殖健康服务、婚恋服务、母婴保健服务、托育服务、家庭育儿指导、家庭观念养成等全程支持。总而言之，积极生育保障制度不仅发挥保护性作用，而且以社会投资、社会参与和积极干预的方式全面提升社会成员抵御风险和促进家庭发展的能力，提高劳动参与和就业质量，并以此减轻福利国家的税收依赖和社会弱势群体的福利依赖。

中国人口老龄化与高质量发展

杜 鹏

(中国老年学和老年医学学会副会长、中国人口学会副会长
中国人民大学老年学研究所所长)

高质量发展是全面建设社会主义现代化国家的首要任务,人民幸福安康是推动高质量发展的最终目的。党的二十大报告指出,中国式现代化的首要特征是"人口规模巨大的现代化",在我国人口老龄化持续向深度迈进的背景下,中国式现代化同样也是老年人口规模巨大的现代化。2030年后,中国老年人口的数量将超过发达国家的总和,中国应对人口老龄化的艰巨性和复杂性前所未有。绝无仅有的老年人口规模和中国式现代化的目标也意味着中国应对人口老龄化不能照搬西方模式,需要探索出一条符合中国国情、具有中国特色的积极应对人口老龄化的中国道路。

厘清人口老龄化与高质量发展之间的辩证关系是实现积极应对人口老龄化、走出一条积极应对人口老龄化中国道路的重要基础。一方面,人口老龄化始终贯穿高质量发展与中国式现代化发展的全过程,当前与未来的高质量发展是老龄社会背景下的高质量发展;另一方面,人口老龄化也呼唤以更高质量的现代化发展回应老龄社会的新需求,高质量发展是中国特色积极应对人口老龄化道路的应有之义。这就需要我们在把握人口老龄化趋势与特征的基础上,充分认识人口老龄化对扎实推进中国式现代化和高质量发展的影响,同时也需要从积极应对人口老龄化的视角出发,思考如何在中国式现代化的进程中,更好

地以各领域全方位的高质量发展不断提升人民群众的获得感、幸福感和安全感。

在上述背景之下,本文尝试分析我国在进入老龄社会和人口负增长的人口发展新阶段之后,人口老龄化与老年人口有着哪些新的变化和发展趋势？规模庞大的老年群体的现状与变化是什么？如何以高质量发展,尤其是养老体系的高质量发展回应老年人和老龄社会的"急难愁盼"？对这些问题的全面认识,对我们实施积极应对人口老龄化国家战略,实现共同富裕和全体老年人老有所养,推动人口老龄化背景下的高质量发展与中国式现代化建设,具有重要的意义。

一、中国人口老龄化的现状与趋势

（一）人口负增长背景下的中国人口老龄化进程

人口负增长与人口老龄化共同构成了当前中国人口国情的两大最主要特征。2020年,我国人口出现近61年来的首次负增长,这是继我国步入老龄化社会、人口老龄化进程呈现持续加速发展以来又一个方向性和历史性的变化。当前,我国的人口负增长属于内生性的人口负增长,从人口要素的角度来看,主要由长期低于更替水平的生育率所导致,而这也是当前我国人口老龄化水平持续提高的主要推动因素。其背后所反映的是我国推进城乡基本公共服务均等化、大力提升全民受教育水平、促进人民生活方式变化和生活品质提升的积极成果。在生育水平长期维持在较低水平和人均预期寿命不断提高的背景下,我国人口老龄化正向着"快车道"逐步迈进。

根据人口预测结果(见图1),中国老年人口规模在21世纪中叶前将保持持续增长,预计将于2024年超过3亿人,在2033年超过4亿人,并在2051年达到约4.8亿人的峰值水平。虽然我国老年人口总量在21世纪将呈现出持续上升后缓慢下降的变化趋势,但不论是相对高生育水平设定的方案1还是低生育水平设定的方案2都表明,我国的人口老龄化水平将保持持续且快速的增长,预计到2033—2034年左右我国60岁及以上老年人口占总人口的比例将超过

30%,进入超老龄社会。到 21 世纪中叶,60 岁及以上老年人口的占比将达到接近 40% 的水平,此后人口老龄化水平还将保持持续增长。积极应对人口老龄化不仅是现阶段的迫切需求,同时也是一项久久为功的长期工作。

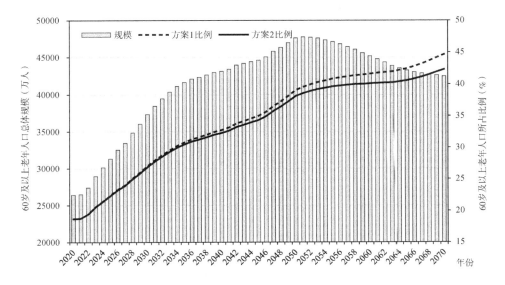

图 1　中国 60 岁及以上老年人口的规模和比例变动趋势(2020—2070)

进一步从老年人口净增长规模的变动趋势来看(见图 2),我国老年人口在 21 世纪前半叶的持续增长呈现出波浪式的增速变化。这主要受到出生队列因素的影响,受 1962—1975 年和 1986—1990 年出生高峰的影响,2022—2035 年和 2046—2050 年我国老年人口总量的年净增规模将出现两段高峰。其中,在 2022—2035 年的第一个增长高峰期中,老年人口总量呈现快速增长,年均净增老年人口规模超过 1000 万人,总增长规模超过 1 亿人,表明在当前以及未来的短时间内,我国养老保障体系和养老服务体系建设,以及积极应对人口老龄化的各个方面都将面临严峻的挑战。2035 年后,我国老年人口规模将进入一个较为平稳且缓慢的增长期,并在 2046—2050 年出现小幅上涨式波动,随后开始进入缓慢的下降期。

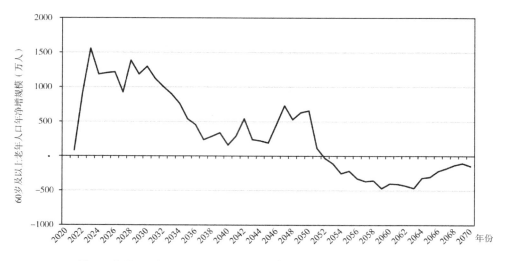

图 2　中国 60 岁及以上老年人口年净增规模变动趋势（2020—2070）

（二）中国人口老龄化的特点

从社会经济因素的角度来看，人口老龄化是经济社会发展到一定阶段的必然产物，但中国的独特国情决定了中国的人口老龄化进程有其独特之处。快速的人口老龄化进程、"城乡倒置"现象的出现与不断加剧、高龄化趋势的日益凸显，是其中最为主要的表现。

1. 人口老龄化速度快

从世界范围来看，我国是人口老龄化的后发国家，但却是人口老龄化速度最快的国家之一。发达国家和地区在 20 世纪中叶便整体进入了老龄化社会，而我国到 2000 年，65 岁及以上老年人口的比例才超过 7%，进入老龄化社会，相较于发达国家整体有着近半个世纪的差距，甚至相较于法国等老牌西方发达国家存在着超过百年的时间差距。但在进入老龄化社会后，我国的人口老龄化进程便呈现出迅速增长的态势，2021 年我国 65 岁及以上老年人口比例达到 14.2%，标志着我国正式进入老龄社会。从老龄化社会到老龄社会的时间来看，中国仅用了 21 年的时间，少于日本（24 年），略多于韩国（19 年），用时之短，在世界范围内位居前列。

2. 老龄化"城乡倒置"现象加剧

农村人口老龄化程度高于城市人口老龄化的"城乡倒置"现象,是世界各国人口老龄化进程中普遍经历的阶段。当前我国人口老龄化也同样呈现出"城乡倒置"的特征,并且城乡间的人口老龄化差距还在进一步增大。从不同地区人口老龄化水平的增长速度来看,受人口流动的影响,农村人口老龄化速度快于城镇地区,2020年我国农村60岁及以上老年人口的比例达到23.81%,先于城镇地区进入老龄社会。人口老龄化水平增速的差异使城乡间人口老龄化水平差距持续增大,自2000年我国进入老龄化社会以来,人口老龄化水平的城乡差距从0.84个百分点快速上升至8.27个百分点,可以预见的是,未来这一差距还将持续扩大。而农村地区经济发展水平相对滞后和人口空心化,使得农村地区应对人口老龄化的资源相对稀缺,基础更为薄弱,农村地区人口的老龄化问题也是当前实现积极应对人口老龄化的重点和难点。

3. 高龄化趋势日益凸显

高龄化是中国人口老龄化的另一项重要特征,指高龄老年人在老年人口中的比例伴随人口老龄化的进程而持续提高。2020年,中国80岁及以上高龄老年人在全部老年人口中的占比达到13.56%,60-69岁低龄老年人的占比从2000年的58.84%下降至2020年的55.83%,整体上看我国老年人口的高龄化趋势进一步凸显。与低龄老年人相比,高龄老年人往往面临更多经济、健康与生活自理层面的困难,对于养老服务与医疗服务的需求更为突出,是积极应对人口老龄化过程中需要重点关注的群体。可以预见的是,随着我国人均预期寿命进一步延长,未来我国老年人口的高龄化趋势还将进一步凸显。

二、从健康状况认识中国老年人口的特征及其变化

健康是老年人晚年生活中的核心议题,健康状况是制约老年人参与社会、实现积极老龄化最为关键的因素,同时也反映了老年人口对于养老服务与健康服务的刚性需求。本文接下来对老年人口健康状况的现状与变化进行分析,呈现中国老年人口健康状况的主要特征及其变化态势。

(一)老年人口自评健康比例明显提高,生活不能自理老年人比例下降

2020年我国60岁及以上老年人中,自评不健康的老年人占12.75%,其中不健康但生活能自理的老年人占10.41%,生活不能自理的老年人占2.34%。与2010年相比,我国不能自理的老年人比例有所降低,从2010年的2.95%下降到2.34%。如果以此推算中国不能自理老年人的总量,则需要长期照料的老年人总数约为618万人。从不健康但生活能自理的老年人占10.41%来推算,全国共有约2748万老年人处于不健康但生活能自理的状态。总体来说,2020年全国约有3366万人处于不健康或者生活不能自理的状态。这部分老年人是我国大力发展养老服务的主要服务对象。

分性别来看,2020年男性老年人自评健康的比例比女性老年人更高,男性自评健康的占57.54%,女性是51.94%。与2010年对比也可以看出,女性自评健康比例一直低于男性,但是两性自评健康比例都有了明显的提高,差距略有缩小。虽然回答基本健康的女性比例高于男性,但从总体上看,自评健康和基本健康的老年人男性占88.11%,女性比例则为86.45%,男性自评健康状况仍然好于女性。自评不健康的老年人中,女性老年人占55.01%,比2010年的比例(57%)略有下降。

(二)老年人的健康状况随年龄增长变差,生活不能自理比例在80岁以后明显提高

从分年龄的老年人口健康状况来看,随着年龄的增长,老年人口的健康状况开始变差。自评为健康的老年人的比例在60—84岁区间下降明显,生活不能自理的老年人的比例在80岁以后迅速上升。具体来看,60—64岁组中有70.29%的老年人自评为健康,到70—74岁时降至49.11%,80—84岁时降至31.26%;60—79岁中低龄老年人生活不能自理的比例在5%以下,80岁以后则迅速提高,上升至85—89岁的9.66%,90—94岁的16.46%,95—99岁的23.51%,在百岁老人中,这一比例达到约三分之一(31.05%)。这充分反映出,高龄老年人是老年群体中的相对弱势群体,更应重点关注其健康与服务的各方面需求。

(三)城镇老年人自评健康状况好于农村老年人,东部地区老年人健康状况普遍更好

在2000年以来的近三次人口普查中,城镇老年人自评健康状况一直好于乡村老年人。与2010年相比,2020年城乡老年人自评健康的比例大幅提高,而生活不能自理者比例都进一步下降。但我国老年人的健康状况在城乡之间有明显差别,城镇老年人自评健康状况普遍好于农村老年人。城镇62.98%的老年人自评为健康,而农村老年人只有48.54%认为自己健康。另一个城乡差别主要反映在不健康老年人比例差异上。城镇不健康老年人比例只占8.37%,而农村则高达16.10%,高出城镇近一倍。生活不能自理老年人在城镇只占2.07%,而农村老年人生活不能自理的占2.55%。

分地区来看,我国各地区老年人自评健康状况有明显的差异。浙江、福建、北京、上海、江苏、广东等东部地区老年人自评健康的比例均在60%以上,而贵州、江西之外的大多数中西部地区自评健康的老年人比例相对较低。与2010年相比,各个省份老年人自评健康比例都有大幅度提高。从生活不能自理老年人比例看,各地相差较大。比例最高的西藏,老年人生活不能自理比例达到4.56%,新疆、青海、吉林、内蒙古都在3%以上。而重庆、广东、湖北、贵州、福建、江苏的比例都低于2%。因此,各地的养老设施建设和养老服务发展要更加因地制宜。

三、完善养老体系建设,推动老年人口高质量发展

2023年5月第二十届中央财经委员会第一次会议强调要以人口高质量发展支撑中国式现代化,提出要以系统观念统筹谋划人口问题,以改革创新推动人口高质量发展,把人口高质量发展同人民高品质生活紧密结合起来,促进人的全面发展和全体人民共同富裕。在我国人口老龄化加速发展的大背景下,推动老龄工作和养老体系高质量发展是积极应对人口老龄化和促进人口高质量发展的重要环节。为此,需要从以下几个方面着手。

(一)推动养老服务高质量发展,促进全体老年人享有基本养老服务

与中国式现代化相适应的养老服务是在人人享有基本养老服务的基础上,

有效满足老年人多样化、多层次的服务需求,形成兜底供养、普惠供给、多元保障的供给格局。

首先,分层分类的养老服务保障,使不同需求层次的老年群体有着多样化的养老方式选择。我国老年群体内部异质性大,对养老服务需求差异性大。为此,需要精准把握老年人需求,增强养老服务供给能力,基本养老服务作为公共产品,以清单化、标准化的方式向全体老年人进行供给,以满足老年人多层次、多样化的需求。此外,以人民为中心的发展理念决定了兜底型养老服务是实现共同富裕的重要一环,中国的高质量发展必须兼顾弱势老年群体,为弱势老年群体提供坚实的兜底保障。

其次,推动养老服务的供给精准高效。通过建立全国统一的老年人能力综合评估标准体系,精准把握老年人的服务需求,实现从"人找服务"到"服务找人",为全体老年人构建起全方位基本养老服务网络。同时,兼顾效率与公平,不断提升欠发达地区的养老服务水平,实现城乡和区域间基本养老服务的均等化。特别对于农村地区,应将养老服务发展与乡村振兴有效衔接,实现农村老年人老有所养、老有所依,共享社会经济发展成果。

再次,创新高质量的养老服务形式与内容,推进智慧养老在基本养老服务中的应用。利用现代信息化技术,实现资源的高效对接和优化配置,提升健康及养老服务资源利用效率。重点围绕老年人的多元需求,加快数字化养老服务关键产品研发,丰富智慧养老产品种类,满足老年人多样化、个性化需求。完善智慧养老服务支撑体系,在宏观层面形成从需求信息发布、资源投入、产品与服务供给到成效检验与反馈的行业良性发展的大循环。

最后,全面加强组织保障和人才支持,培养新时代养老服务人才,促进养老服务品质提升。其一,加强多层次人才培养,鼓励高校依法自主设置和调整相关专业,加强产学研平台建设,共同培育高素质养老服务人才,不断提升养老护理人才业务能力与职业素养。其二,加强多领域人才培养,培育护理、社会工作、健康管理、康复治疗、康复辅具应用、社区服务等多领域人才。其三,保障人才的职业晋升和薪资待遇,确保养老服务人员获得合理的薪酬收入。

（二）促进银发经济高质量发展，推动养老事业与产业协调发展

实现银发经济高质量发展是助推老年人口高品质生活的重要基础。我国的银发市场前景广阔，随着我国人口老龄化程度不断加深，老年人数量不断增加，老年消费群体规模不断壮大，老年人口的消费水平也伴随社会保障水平的完善而逐步提高。老年人对于生活品质的要求也随着老年人口受教育水平的提升而进一步提高。为此，需要从制度保障、市场主体和标准体系几个方面着手推进。

首先，完善保障体系，加强政府扶持力度。政府主体要遵循市场经济和产业发展规律，积极履行好管理和服务职能。制定银发经济发展的国家中长期规划，加强顶层设计，统筹推进银发产业与其他产业协调发展。完善银发产业政策体系，在土地供应、税费减免、人才培养等方面出台一系列支持性政策。研究建立银发用品目录、行业分类目录、银发经济专项统计调查制度等，构建银发经济发展统计监测指标体系和评价体系，规范行业发展。

其次，优化营商环境，充分发挥市场力量。持续放宽市场准入门槛，科学划分老龄产业和事业的界线，为各类市场主体平等有序参与竞争提供制度保障。引导企业集聚集群发展，营造产业链上中下游、大中小企业融通发展的良性生态。积极开展市场调研，及时把握我国老年人需求结构正从生存型向发展型转变的新特点，不断满足老年人全方位、多层次、个性化的产品和服务需求。

最后，完善标准体系，持续加大市场监管力度。建立完善的老龄产品（服务）技术标准体系和行业认证标准体系，以标准体系引导和规范各类市场主体行为。健全老年服务和产品市场的准入、退出、监管制度等，实行规范严格的质量检查制度和抽查制度，严厉打击假冒伪劣商品制售行为。

（三）促进主动健康，提升老年人口健康服务质量

人口高质量发展离不开老年人健康素质的不断提升，未来需要进一步在老年人的健康促进和支撑体系建设上着力。

首先，提升老年人的健康素养，促进主动健康。明确老年健康教育的主体，为老年健康教育提供经费支持和人员支持，基于老年人对于健康教育的需求，

提供有针对性的健康教育,提升健康素养。

其次,提升老年健康服务质量,将全生命周期健康、健康老龄化融入老年健康服务体系建设的全过程,树立预防优先于康复、康复优先于护理的意识。建立健全以基层医疗卫生机构为基础,老年医院和综合医院、中医医院、中西医结合医院老年医学科为核心,相关教学科研机构为支撑的老年医疗服务网络。加强老年医学人才队伍建设,切实提高健康养老产业高质量发展的人才要素支持。

最后,持续完善长期照护体系。目前,中国长期护理保险制度试点工作进展顺利,参保人数约 1.7 亿人,累计超过 200 万人享受待遇,取得了阶段性的目标。未来还需从以下几个方面着手推动制度完善：第一,制度需要构建覆盖所有人群的包括长期照护系统在内的医疗健康服务体系,并将健康老龄化理念融入这一体系的政策与实践中；第二,解决服务过程中的政策碎片化、管理部门化问题,保持政策的一致性、连续性,建设有效整合的照护服务体系；第三,长期照护系统要改变医和养相对割裂的局面,从以疾病为基础的治疗模式向以老年人为中心的综合关怀模式转变。

(四)鼓励老年人社会参与,以"养为并举"推动老年人口高质量发展

丰富老年人的精神生活,促进老年人的全面发展。一方面,要丰富老年人的文化娱乐生活,另一方面,发展终身教育体系,为老年人提升参与能力提供支持,将老年教育纳入终身教育体系,充分发挥国家老年大学的辐射作用,推动老年教育资源开放共享。在数字社会背景下,要着重开展老年人智能技术教育,提升老年人数字素养,促进老年人适应社会的数字化转型。

鼓励老年人实现自我价值,将"老有所养"转变为"养为并举"。完善制度规范,加快健全老年人社会参与的法律法规；积极开发老年人力资源,逐步推进延迟退休政策；鼓励企业雇用老年人,支持老年人创业,将老年人创业纳入双创政策体系；成立专门性老年人力资源开发管理机构,统一管理和指导老年人再就业及其相关服务。

(五)构建老龄社会治理新格局,实现老龄社会高质量发展

健全党组织领导的自治、法治、德治相结合的城乡基层社会治理体系,完善

基层民主协商制度,建设人人有责、人人尽责、人人享有的社会治理共同体。要着眼于国家长治久安、人民安居乐业,建设更高水平的平安中国,完善社会治理体系。

首先,推动社会治理重心向基层下移,建设共建共治共享的社会治理制度,夯实基层社会治理基础。健全党组织领导、村(居)委会主导、人民群众为主体的基层社会治理框架。加强基层群众自治机制建设,完善村(居)民议事会、理事会、监督委员会等自治载体,健全村(居)民参与社会治理的组织形式和制度化渠道。

其次,健全社区管理和服务机制。推动社会治理和服务重心下移、资源下沉,提高城乡社区精准化精细化服务管理能力。构建信息化支撑、开放共享的基层管理服务平台,推动就业社保、养老托育、医疗卫生、家政服务等便民服务场景有机集成和精准对接。坚持党建引领,深化基层社会治理改革,创新资源统筹机制,构建基层"一体化"养老服务体系,着力打通养老服务"最后一米"的供需对接。

最后,完善政府治理和社会调节、居民自治良性互动的体制机制。扩大开放公共服务市场,通过政府购买服务、健全激励补偿机制等办法,积极引导社会力量参与基层治理。发挥群团组织和社会组织在社会治理中的作用,畅通和规范市场主体、新社会阶层、社会工作者和志愿者等参与社会治理的途径,全面激发基层社会治理活力。

能源安全与能源转型

杜祥琬

(中国工程院院士、原副院长)

  我国的"双碳"(碳达峰和碳中和)目标宣告中国绿色低碳转型的决心和雄心,也标志着工业革命以来的发展模式开始落幕,新的范式兴起,为中国和世界带来可持续的绿色繁荣。习近平总书记在二十大会议报告中提到立足我国能源资源禀赋,坚持先立后破。先立后破这个提法非常重要。

  一说到我国能源资源禀赋,常常说"富煤、缺油、少气",如果我们视野中的能源只是化石能源的话,这样说并不错,但这样的认识已经跟不上发展形势了。当前社会经济的可持续发展、"双碳"目标的实现,要求可再生能源快速增长,而我国的自然资源、技术能力和可再生能源成本的下降,都使得可再生能源本身由 21 世纪初的微不足道发展到现在的举足轻重,下一步更要担当大任。

  可再生能源具有可持续性,又有资源的可再生性,伴随着太阳的存在而自然存在,而它的量值大小与技术开发能力有关,这点在风能利用上就表现得很明显。2022 年,我国的水、风、光、生物质发电装机容量都稳居世界第一。全国可再生能源发电装机容量达到 12 亿千瓦,占全国发电装机总量的 47%。可再生能源发电量达到 2.7 万亿千瓦时,占全社会用电量的 31.6%,可见可再生能源已拥有了举足轻重的地位。

  上述数据也说明丰富的可再生能源是我国能源资源禀赋的重要组成部分。而现已开发的可再生能源不到技术可开发资源量的 1/10,所以能源低碳转型,资源基础是丰厚的,这是一个转型的前提。太阳能、风能这些可再生能源本身是可再生的,但要怎么利用太阳能、风能呢?比如通过发电,那就需要相应的设备、装备,而太阳能电池、风机等装备又需要材料,除了基本材料外还有一些矿物材料,这些材料本身是不可再生的。所以要风电、光电可持续利用,要做好风、光装备的绿色退役和循环利用,或者材料科学方面的发明、创新。

对于能源资源禀赋的认识,有些地方曾经有过一些局限性,譬如说东部有的地区长期以来认为自己"负荷重、资源缺",却没有认识到自己身边就有丰富的可再生能源资源可以开发,形成了对外来电、外来煤的依赖,这会影响能源政策、能源战略等实际问题。

值得强调的是,低碳转型和能源安全并行不悖,可再生能源资源的利用,我们国家自己可以掌控,它不依赖国际地缘政治变化,故而所掌控的可再生能源的比例越大,能源就越安全,低碳转型有利于我国能源体系的独立性和安全性。

准确地认识我国能源资源禀赋是正确认识我国国情的要素,也是影响我国能源政策、能源战略的关键点,对于确保国家长远的能源安全、引导国家能源转型具有方向性、战略性的意义。

经济性、便利性、稳定性使得化石能源被发现之后迅速成为人类能源的主角,推动了城市化并且使人类由农耕文明进入工业文明。比如煤炭,它的发现和利用对工业化、对人类发展进步有重要贡献。由于化石能源的发现,人们停止了对木材的砍伐,有了煤炭后就停止了砍伐,所以化石能源的头功是环保,加上其经济性、便利性、稳定性,更使它成为能源主力,也是工业文明促进派。两百多年来,工业化进程带来巨大的社会进步,但人类也逐渐认识到化石能源大量使用带来的环境问题、气候变化问题。

对二氧化碳等分子的辐射物理特性的认识是现代气候变化科学的核心。二氧化碳的分子会让可见光透过,但地球返回去的红外光,二氧化碳分子就吸收了,这样一来太阳光能透过而回不去,地球就会变暖,由此就提出了低碳经济学的概念,即二氧化碳在空气里面比重不能太高,由此引发对气候变化深入的研究和评估。为了应对气候变化,在2015年达成了"巴黎协定"。

相对油和气，我国的煤炭储量比较丰富，所以我国一次能源结构当中煤炭是第一贡献者。但我国对比全球来说，人均煤炭储量是世界平均水平的67%，有的专家说只有50%。目前中国煤炭资源储量挺大，但技术可开发的约为1710亿吨，除以每年的开采量，储采比大约是40年。煤炭是富含碳元素的宝贵的资源，是长期的财富，但它不可再生，所以当代人首先要用好煤，同时也要为未来早做准备。

煤炭的用途是多方面的。首先是发电，我国是世界上燃煤发电厂能效最高的国家，十几年前每度电大约消耗400g标准煤，现在进步到平均而言每度电300g标准煤，效率最高的厂可以达到每度电248g标准煤。如果全国煤电厂都进步到这个水平，那么用于发电的煤炭的消耗量可以减少10%以上。所以煤炭是功臣，但减煤是进步。

各种化石能源都是碳和氢的不同比例的化合物。化石能源利用物理和化学的方法，可以制造不同的化石燃料或者用于化工的各种原料，即不光是能源燃料，还可以做原料，有双重属性，比如生产石油、甲醇、乙醇、烯烃等，在这个领域也不断出现很多清洁高效利用的创新发展。譬如在煤炭清洁高效利用方面就包括了煤炭分质利用技术、深层煤炭气化利用技术、新型煤化工等。

这些化石能源加上丰富的可再生能源资源才使我国有底气出台"1+N"文件，"1"就是党中央、国务院关于双碳工作的意见中提出的2060年非化石能源消费比重在中国一次能源结构当中达到80%以上，有这个底气写这句话是很有分量的，如果没有可再生能源的资源禀赋，就没有可能也没有科学的依据写这句话。风和光有间歇性，虽然没有碳排放，但有间歇性、波动性，所以国家就及时提出构建新能源占比逐渐增加的新型电力系统，提出如何把间歇性变成灵活性，关键是灵活用电和灵活发电，也就是智慧能源，包括氢和氨的储能、放能问题。同时，如何提高智慧能源在总发电量中的比例，也是当前很重要的研究课题。

经济的高质量发展要求高质量的能源，能源高质量发展应实现"可能三角"。曾经有过一个说法，一个能源体系要它同时安全可靠、经济可行又绿色低碳，这三个同时兼备几乎是不可能的，所以称为"不可能三角"。而能源的高质量发展应该是可能三角,三角都必需。安全可靠是对能源系统的基本要求,经济可行的能源才能被社会接受,绿色低碳是能源转型的大方向。所以碳达峰、碳中和呼唤的新型的能源系统必须逐步做到满足这三个目标,又要安全可靠、又要经济可行、又要绿色低碳,使它成为可能三角,这才是高质量的能源系统。当前要实现高质量发展,就必须有相应的高质量的能源系统。

中国中东部发达地区需要能源、需要电,解决能源问题,一种思路是西电东送,另一种是改变现有思路,中东部的能源首先要"身边取",其次再"远方来"。首先是"身边取",中国中东部过去认为自己没有能源,就是没有煤、油、气,要靠西电东送,西部能源有丰富的煤、油、气,特别是煤炭,但现在我们要树立一个思想,就是发展可再生能源为主的情况下,中东部不是没有能源,所以首先要"身边取",也就是要提高中东部的能源自给率,非化石能源的自给率,不够的部分再由"远方来",也就是再加上一点西电东送,西电东送并不否定,但不能靠着西电东送来解决整个中东部的能源问题。中东部的能源首先要"身边取",如果不够,然后再"远方来"。先说经济性,通过不同课题组研究分别计算得出同样的结论,中东部自己发一度电的成本比西电东送的成本低,譬如屋顶光伏发一度电比西电东送成本低,有经济性就能推广,所以能源生产者和消费者要逐步转变角色。中东部各地的机关、学校甚至家庭要变成产消者,既消费能源又生产能源,成为能源的产消者,自发自用,寓电于民,也可与集中式电网互动,中东部提高能源自给率,经济上是划算可行的。正泰新能在江苏盐城基地做了一个零碳工厂,获得了国家认证,提高能效还加上节能,利用可再生能源。

中东部提高能源自给率而不仅仅依靠西电东送,这个想法符合能源革命的大方向,有利于电力发展趋于平衡,有利于电力系统的经济性、安全性、灵活性,符合绿色、低碳、高效、智慧的原则,体现从政府办电、大企业办电转向政府+大企业+人民办电,这样有利于社会进步,对于中国能源的供需安全和环境安全、气候安全都具有重要意义。

西北部有丰富的可再生能源,可以通过政策的引导,把东部沿海的一些产业逐步迁移到西北地区,这可能是未来发展的一个重要方向,西部要用这些能源发展经济,西部和东部的不平衡至少要缓解。现在内蒙古正在改变过去挖煤卖煤、发电卖电这样的产业结构,正在建设零碳园区,迎来发展的新时期,这是内蒙古的新提法。所以西北部丰富的可再生能源首先要用在西部,而且要用在西部发展经济。

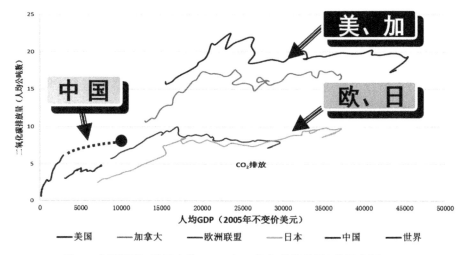

图 1 主要国家、地区人均 GDP 与二氧化碳排放量(数据来源:BP)

碳达峰是经济增长和碳排放增长这两个增长脱钩进步的拐点,脱钩的拐点就是碳达峰。正如图 1 所示,横轴是人均 GDP,表征一个国家的发达水平,纵轴是一个国家(地区)人均二氧化碳排放量。美国、欧盟国家在发展的初期都是爬坡型,人均 GDP 提高,人均碳排放量随之增加。中国也是这样,随着人均 GDP 提高,人均碳排放量也有所增加,所以这个曲线是爬坡型的。但无论美国,还是欧盟国家,到一定的时候,譬如人均 GDP 在两万美元左右的时候,这个曲线开始变平,这是世界银行的原始数据,把它画出来就是图 1 这样。它们经济继续发展,人均 GDP 两万、三万、四万、五万美元这样增长,但人均碳排放量不再增加,所以这个曲线才变平。为什么经济增长,而人均碳排放量不再增加呢?因为产业结构调整了,高排放的产业到了一定的时候不再增加,比如钢铁、水泥。另一个原因是能效的提高。碳达峰意味着经济发展到一定的水平,经济继续增长,但碳排放不再增长了,可以说碳达峰就是经济进步、经济发展和人均碳排放量脱钩这样一个拐点。

下一步是走向碳中和，是我国经济社会发展的新引擎，为了这个碳中和，要开创一条兼具成本效益、经济效益和社会效益的路径，是与第二个百年奋斗目标同步的经济社会低碳转型的里程碑。

实现"双碳"以城市为主体的战略，主要是城市产业结构要调整、能源结构要调整，做好城乡融合，逐步增加非化石能源的比重这样一个过程，这样一个城市为主的战略。因为城市和农村能源革命有不同的思路，现在农村走在了前头。兰考就是这样，它本身的基础设施就不需要那么多化石能源，其需求和资源都是可再生能源，所以就很容易发展起来。城市的情况就不太一样，虽然它们路径不同，但同样走向以可再生能源为主的未来。

从供给安全角度来看，我国以化石能源为主，煤炭是第一贡献者，是当前的现实。煤炭、石油、天然气储采比分别是40年、18年、30年，煤炭技术可开发资源量1710亿吨，可以看出化石能源的重要性，但也可以看出它的有限性、不可再生性，化石能源的这三性（重要性、有限性、不可再生性）是显然的。

非化石能源，首先是可再生能源，包括水、风、光、地热、海洋能等，再加上核能，我们有相当丰富的资源，逐步由以煤为主转向以可再生能源为主，这是长远的能源安全之策，也是走向碳中和的必由之路。

在这过程当中保证能源的安全，现在靠先立后破，新房子没盖好，不动老房子，这就比较安全，所以先立后破，而"破"传统能源是指有序转型，这样来做事情就是安全的。现阶段的能源安全就靠先立后破，有同志担心能源转型影响能源安全，其实明白先立后破就不必担心这一点，因为现在"立"是做加法，做足够的加法再逐步转型，再逐渐做减法，就是新房子盖足够多了再动老房子，这样就是安全的。

能源转型是做加法，不是减法，所以是先立后破，它具有长期性、艰巨性，但方向是清晰的，是国家目标、是全球大势。上面提及的一些观念创新和工作将会引领能源革命，共同成就我国能源的新常态、高质量、新体系。

实现"双碳"目标是一个复杂的系统工程，是一个长达几十年的科学的转型过程。它呼唤深度的管理创新、科技创新、金融支持和企业参与。政策性很强，需要把握好节奏，积极而稳妥，防止一刀切简单化，同时防止转型不力带来落后和无效投资。总而言之要先立后破，把好事办好，深刻推动经济、社会的变革和进步。

最后，2060年要实现碳中和，碳中和是一个重要的里程碑，但不是终点，需要从未来能源的角度理解"双碳"目标的意义和历史地位，最终走向能源发展的新的未来。

我国的零碳供热系统

江 亿

(清华大学教授,中国工程院院士)

能源革命的任务就是把能源结构由目前的燃煤、燃油和燃气为主的碳基能源转为以风、光、水、核电力和生物质燃料为主的零碳能源,这涉及与能源相关的各个方面的巨大变革。就能源供给方面来说,我们要完成三大任务:零碳新型电力系统的建设,零碳供热系统的建设,零碳燃料供给系统的建设。尽管这三大任务相互关联,需一起讨论,但今天我主要讲一下怎样实现零碳供热系统。

未来的用热需求总量

这里说的热量,不仅包括建筑用热,也就是为满足日常生活需要使用的采暖、生活热水等热量,还包括工业生产用热,我国目前建筑用热和工业生产用热每年约 165 亿 GJ(吉焦)。

未来,预测每年的用热需求将提高到 240 亿 GJ。其中在建筑领域,取暖和生活热水等总计需要热量 104 亿 GJ,这里包括了北方城镇建筑供暖用热需 54 亿 GJ,也是未来建筑用热里面的大头;另外还有长江流域及以南地区建筑供暖需 20 亿 GJ,农村地区建筑供暖需 20 亿 GJ,建筑中生活热水及蒸汽制备需 10 亿 GJ。

工业生产领域,主要考虑非流程工业及化工所需要的蒸汽和不同参数的热量共计 136 亿 GJ,其中根据不同温度品位进行统计,150℃以下的中低温热量需求约 76 亿 GJ,150℃ 以上的高温热量需求约 60 亿 GJ。具体见表 1。

表 1 未来建筑及工业用热需求汇总

建筑领域	北方城镇建筑供暖	54 亿 GJ
	长江流域及以南地区建筑供暖	20 亿 GJ
	农村地区建筑供暖	20 亿 GJ
	生活热水及蒸汽制备	10 亿 GJ
	合计	104 亿 GJ
工业生产	＞150℃	60 亿 GJ
	≤150℃	76 亿 GJ
	合计	136 亿 GJ
总计		240 亿 GJ

那么尽量在零碳的条件下提供上述共计 240 亿 GJ 的热量需求,就是建设未来零碳供热系统需要完成的任务。

通过热泵提升余热品位是未来重要的热量获取途径

目前我国建筑和工业生产每年 165 亿 GJ 的热量需求主要由热电联产余热和燃煤燃气锅炉提供,消耗约 6.5 亿吨标准煤,每年排放的二氧化碳超过 10 亿吨,占我国由于使用化石能源所导致的二氧化碳排放总量的 10% 以上。而未来 240 亿 GJ 的热量需求,如果全部依靠零碳电力来提供,则需要约 7 万亿度电,这几乎是 2016 年全国的总发电量,这显然不成立。这样,国内外的研究者都把希望寄托在热泵技术上。利用热泵可以从较低温度的热源中提取热量,并提高其热量品位,在所需要的温度下排出,从而可以由 1 度电获得 3 到 8 度电的热量,只要 2 万亿度电就可以解决未来 240 亿 GJ 的热量供给。因此,目前学术界和企业界都认为热泵在未来零碳能源系统中将起重要作用。

那么问题的重点就变为热泵所需要的低温热源从何而来。根据低温热源的不同,热泵的利用场景可分为三种形式。

一是利用自然界提供低温热源的方式,也是目前应用比较成功的一类。这包括从空气中取热的空气源热泵,从地下土壤中取热的地源热泵和从地表水中取热的水源热泵等。这些形式的热泵都有很多成功案例,但深入分析研究的结果表明:当大规模高密度提取这类自然界低温热量,或者会对当地的生态环境造成各种不良影响,或者会占用大量的地下空间,影响未来对城市地下空间的开发利用。所以这类热泵仅能提供约占总量30%~40%的低密度用热需求的热量,而约占60%~70%的高密度热量需求(如工业生产用热、北方城区建筑采暖等)需要另辟途径。

二是回收生产过程中排放的余热作为低温热源的方式,就地满足对各种参数的热量要求。目前使用很成功的是农副产品和一些工业生产需要的干燥过程。实际上,还有很多工业生产过程可以回收自身过程排放的余热,再通过热泵提升,解决热量需求。这应该是循环经济的重要方式之一。

三是当可以回收的余热和需要热量的部门不在同一地理位置时,利用图3那样的余热共享系统的供热方式。人类活动排放大量余热,例如核电厂、调峰火电厂、各类流程工业生产过程包括数据中心、变电站、垃圾焚烧、污水处理等,都要排放大量的余热。如果这些释放的能量能有效回收,就能作为热泵的低温热源再利用。根据统计,我国未来每年将有约200亿GJ余热排放,而只要回收利用60%~70%,就可以满足未来对热量的需要,因此这是未来实现零碳供热的重要途径(表2)。

表2 未来人类活动排放余热量梳理

		关键估计因素
核电	70亿GJ	未来核电装机容量约2亿kW
火电	50亿GJ	未来火电装机容量约5.1亿kW
流程工业	48亿GJ	考虑未来流程工业产品产量
污水	18亿GJ	考虑中国的人口和城镇化率
数据中心	10.8亿GJ	数据中心电耗未来预计增长到5500亿kWh
垃圾焚烧	10亿GJ	考虑中国的人口和城镇化率
变电站	4.3亿GJ	中国未来用电量预计增长到14亿kWh

余热资源共享的多热源多热汇系统

那么上述大量的人类活动余热是否有条件实现回收利用？需要怎样的系统来实现？图 1 是中国流程工业分布的余热，不同深浅的颜色表示排热强度不一样，图 2 是非流程工业的用热，不同深浅的颜色表示用热需求的强度不一样，这两张图不能严格匹配，但特别相近。在相隔不远的两个工厂中，收集甲工厂的余热解决乙工厂的用热需求，在地理空间上难度不成问题，为我们利用好余热提供了很好的基础。

图 1　中国流程工业余热分布　　　　图 2　中国非流程工业用热分布

但回收利用余热资源还需要具体技术，以解决其中余热产生的位置与热需求位置不在一个地方的问题。破解该问题的解决方法是建设多热源多用户的跨区域供热网系统（图 3）。

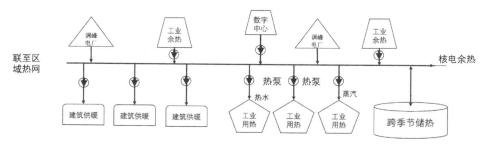

图 3　余热资源共享的多热源多热汇系统

把各种余热资源集中到热网里,各个用热的地方再从热网取热,多余热量资源存储在跨季节储热设施里面,实现平衡。这张网跨度区域可能很大,因为余热产生的位置在郊区,或者离城市越来越远,而有用热需求的建筑都在城市里面。

建设多热源多用户的跨区域供热网系统,回收利用余热资源要解决三个关键技术:跨季节储热,长距离低成本输热,热量参数变化。

首先,最主要的是跨季节储热。大规模建设跨季节储热设施,是实现有效回收各种余热的核心。因为零碳热力面临季节之间供需不平衡的问题,比如核电一年四季都排热,而只在冬天4个月用核电余热供热,其余8个月的排热就浪费了,所以要有跨季节储热设施存储起来,否则只能利用30%,70%都要浪费。而通过跨季节储热设施把所有看起来无用的东西回收,就能够有效解决热源不足的问题,且可靠性更高。

其次是长距离低成本输热。虽然在全国尺度上来看,余热的产生与需求分布基本相近,但实际利用过程仍然需要较远距离的输送,在几十公里甚至一百公里的尺度下,还需要考虑输热效率的高低,以及是否能满足经济性要求。

最后是热量参数不一致的问题。在回收侧,各种余热资源都要回收,就要把热量变成统一的温度输送储藏。在需求侧,应用的工业、建筑又不一样,统一的热量又要变换满足各自要求,所以还需要热量变换。

为什么余热共享系统是适合中国的发展选择?

从国际上的解决方案来看,发达国家如北欧四国、波罗的海三国是走这条路,发展区域热网回收余热,满足各种用热需求;西欧国家比如德国、法国、英国等,只是部分尝试用这种方法,把更大的希望寄托在热泵就地取热就地供热方向上;而美国不太考虑这种方法。

为什么有这么大差别?实际差别在于地下是不是具备大规模的热网。北欧在五六十年前就建成了跨城市的热网,大概60%以上的建筑都能跟热网连接,波罗的海三国也有热网,因此具备发展跨区域供热网系统的基础。而西欧热网很少，约占百分之十几的建筑可以连接热网，主要还是分散供热，所以没有地下基础设施资源。美国除了一些兵营、大学校园里面有热网系统，城市里面也没有热网基础。

中国经过四十多年改革开放，是世界上城市热网发展最好的国家，建成了约40万千米的城市热网。目前在北方地区，除了青海省之外，其他各个省份的县及县以上城市基本上具有完备的热网系统，比北欧热网发展得还好，这是最宝贵的资源，别人没有。再者中国是世界制造业大国，未来制造业还是立国之本，有制造业就有大量余热资源。既有余热资源又有管网，因此发展跨区域供热网系统顺理成章。

要发展好跨区域供热网系统，就必须解决跨季节储热。从理论、工程、造价上来看，最合理的方法可能是具有保温顶的大型蓄热水池，夏天存热，冬天取热。由于时间尺度和几何尺度的平方成正比，因此只要尺度足够大，就能解决散热问题，使得储热能跨越很长时间。但当需要低成本建设千万立方米级的大型蓄热水库时，还存在避免冷热水掺混等有待基础科学深入研究的问题，以及安全、生态效应、降低成本等一系列工程技术问题，这是当前工程界和学术界共同努力开展研究的重要方向。

长距离低成本输热现在有了质的突破。北方关内各省会城市如太原、石家庄、呼和浩特、西安、银川等都在发展，现在在70千米、80千米的水平上都能够有较好的经济回报。热量变换也有许多技术，比如用蒸汽压缩机压缩得到合适的蒸汽满足工业需要，各个地方都开始广泛使用。

对于像电力系统的变压器一样对热量进行不同温度品位和温度范围之间的热量变换，我国已提出多种热量变换器的概念、标准，已研究开发出系列产品，开始进入欧洲市场。但作为余热共享系统的基础装置，还有大量的理论和技术问题需要探讨，更有必要全面研发相关产品，使它成为重要的产业。

总　结

未来实现能源系统零碳化需要完成三大任务：零碳新型电力系统的建设，

零碳供热系统的建设,零碳燃料供给系统的建设。目前对于零碳新型电力系统建设的关注较多,但零碳供热系统的建设同样重要,关键的解决途径就是充分利用热泵,并建立余热资源共享的多热源多热汇系统。这一系统在初期看似需要巨大的基础设施投入,然而一旦建成,就可以极大降低零碳热源获取的边际成本,经过论证具备很好的经济性,可以为我国今后的低碳发展打下良好的基础。

后　记

第二十届北京论坛——北京论坛(2023)在"文明的和谐与共同繁荣"这一总主题下,将"传承与互鉴"作为年度主题,聚焦文明的传承创新、交流互鉴这一重大议题,开展深入研究,参会嘉宾的广泛性、代表性和专家层次创下新高。本届论坛的举办得到了教育部、北京市委市政府、北京市教委的关怀与指导。在筹备工作中,北京大学主要领导同志和相关部门负责同志都对论坛的组织工作给予了建设性的建议、指导和支持。论坛的顺利举办也离不开校内外各单位、兄弟院校和北京论坛秘书处的通力协作,在此特别感谢各位同仁的辛勤付出。

韩国SK集团、韩国崔钟贤学术院见证并深度参与了北京论坛二十年的成长,并在2023年度一如既往地为论坛提供资金资助和工作支持。韩国SK集团全球董事长崔泰源在开幕式上发表视频致辞,韩国崔钟贤学术院时任院长朴仁国主持论坛主旨报告,韩国高等教育财团前总长金在烈也专程来京出席论坛活动,给予了大力支持,我们在此衷心感谢。

在本书编辑出版过程中,学校党政领导给予了关心和指导,党委宣传部、政策法规研究室、北京论坛学术委员会、国际关系学院翟崑教授及研究生吕婉琴等都为文章的整理和书稿的编辑提供了帮助。北京大学出版社教育出版中心周雁翎主任、刘军老师对书稿进行了认真细致的编辑、审校,并给予了专业的指导和帮助,使本书得以顺利面世,在此一并致谢。

"长风破浪会有时,直挂云帆济沧海"。二十年风雨兼程,北京论坛经历了茁壮成长,也将迎来新辉煌的起点。我们相信,北京论坛将继续在传承与互鉴中稳步前行,为文明的共存与发展做出更大的贡献。

本书编委会
2024年4月